Ein bisschen härter ist viel besser

HAFTUNGSAUSSCHLUSS

Weder die Autoren noch der Verlag haften für Verletzungen oder Folgeschäden, seien sie physischer oder auch psychischer Natur, die nach, wegen oder trotz der Lektüre dieses Buches auftreten können. Die Verantwortung für die Anwendung der hier dargestellten Praktiken bleibt im vollen Umfang bei den Lesern.

Sabine und Wolf Deunan

Ein bisschen härter ist viel besser

Fesseln für Verliebte –
Liebe, Vertrauen, grandioser Sex

EXPLIZIT

Inhalt

Für BAFy und den dicken Mann

1. Haben Sie Spass am Sex?

Haben Sie einen Partner, mit dem Sie diesen Spaß teilen? Dem Sie – notfalls wörtlich – blind vertrauen, dem Sie sich hingeben können, der auch zu Verrücktheiten und Ausgefallenem nicht nein sagt und dem Sie Ihre Fantasien erzählen können? Selbst die Fantasien, bei denen Sie knallrot anlaufen, sich auf Ihrem Sitz winden und ganz leise werden, wenn Sie davon erzählen? Sind Sie bereit, mit ihm oder ihr Dinge zu tun, die vielleicht ein bisschen verrufen sind, obwohl sie unglaublichen Spaß machen? Auch wenn Ihr Nachbar einen Herzkasper bekommen würde, wenn er jemals davon erfährt? Nun, vielleicht haben wir da etwas für Sie.

Dieses Buch handelt von dem Spiel mit Rollen, von Erotik, von Hingabe und Vertrauen, von sinnlichen Zwängen und liebevoller Machtausübung. Dabei geht es um die Lust, Konventionen abzulegen, um den Spaß daran, fremde Gefilde der eigenen Sexualität zu erkunden und Vorlieben beim Partner zu entdecken – auch wenn sie ihm vielleicht noch nicht bewusst sind. In diesem Buch finden Sie Anregungen für Paare, die selbstsicher genug sind, um geben zu können, ohne sofort zu nehmen; die aber auch einfühlsam genug sind, um etwas zu geben, wenn sie nehmen.

Das Thema dieses Buchs ist – jetzt bitte nicht erschrecken – Sadomasochismus (SM). Vielleicht ist Spaß das Letzte, was Sie mit SM in Verbindung bringen, weil Sie sofort brüllende Dominas und billige Lederfummel oder ein anderes Vorurteil im

Kopf haben. Solche Bilder haben allerdings mit dem wirklichen SM nichts zu tun. Wird er so praktiziert, wie er sein soll, mit Hingabe und Vertrauen, mit Sinnlichkeit und Lust, macht er Riesenspaß. Erfahren Sie mehr darüber – wenn Sie wollen.

2. Eine Einladung zu Ihren Fantasien

»Sadomasochisten sind die letzten Romantiker.«
Matthias T. J. Grimme

SM ist in erster Linie ein Spiel mit unendlich vielen Möglichkeiten, in dem nur Ihre Vorlieben und Fantasien die Grenzen bestimmen. Ob Sie sich durch eine Entführung verführen lassen, Ihrem hilflosen Geliebten einen langsamen Höhepunkt nach dem nächsten bescheren oder einfach nur wissen wollen, ob auch Sie geschickt genug sind, jemanden erotisch und sicher zugleich zu verschnüren – hier sind Sie richtig. Nicht umsonst ist SM auch die Abkürzung für »Sex Magic« – Zaubersex. Um magische Momente heraufzubeschwören, brauchen Sie allerdings mehr als nur ein Handbuch mit Listen von Positionen, Rollen oder Praktiken. Wie jeder gute Sex findet SM zunächst im Kopf statt, aber im Gegensatz zum »normalen« Sex stellt SM darüber hinaus gewisse gesellschaftliche Vorstellungen infrage, wie Spaß im Bett auszusehen hat. Spitzbübisch und frech werden dabei Konventionen ignoriert, verbogen oder ins Gegenteil verkehrt.

Die erste Vorstellung, die es aus dem Weg zu räumen gilt, ist die, dass beide Partner beim Sex immer und ständig gleichberechtigt sein müssen. Nicht, dass wir missverstanden werden: Wir sind glühende Verfechter der Gleichberechtigung in der Beziehung als Ganzes. Wer gerade das stinkende Kind auf dem Arm hat, ist bei uns automatisch Windelbeauftragter, die Wäsche machen wir beide, und auch der Hausputz wird demokratisch zwischen zwei Leuten geteilt, die ihn dann möglichst lange vor sich herschieben. Aber wenn die Kinder im Bett liegen, die Spülmaschine vor sich hinrauscht und man sich ins Schlafzimmer zurückzieht, lassen wir mehr als nur den Alltag hinter uns. Wer zulässt, dass – und sei es auch nur hin und wieder – der Partner ihn wie beim Tanz führt, wer sich ihm einfach hingibt und sich mit Wonne dorthin treiben lässt, wohin er gesteuert wird, dem öffnet sich eine ganz neue Welt der Erlebnisse. In der hat zwar einer die Kontrolle abgegeben, aber damit auch die Verantwortung und die Pflicht, irgendetwas anderes zu tun, als einfach nur zu genießen. Und wer sich traut, das Zepter oder vielleicht sogar die Zügel in die Hand zu nehmen und (fast) ganz allein zu bestimmen, wo es heute Nacht langgeht, dem eröffnen sich ganz neue Arten der Befriedigung – und nicht zuletzt auch das Wissen, dass er selbst die Lust des Partners stimuliert hat.

Selbstverständlich ist, dass dabei immer der Respekt vor dem Partner erhalten bleibt, dass die Spiele, die im Schlafzimmer gespielt werden, auch genau das bleiben: Spiele, die beiden Spaß machen. Wenn Sie damit nicht umgehen können oder wenn Vertrauen, Empathie, Respekt vor dem Partner und vor allem Humor bei Ihnen keinen Platz haben, ist dieses Buch vermutlich nichts für Sie. Und wenn Sie bereits Vollzeit-SMler sind, dann können Sie dieses Buch Ihren Verwandten, Freunden, Bekannten, Arbeitskollegen und auch wildfremden Leuten schenken. Die erhalten dann eine bessere Vorstellung davon, woher Ihre Begeisterung kommt.

SM, WAS IST DAS ÜBERHAUPT?

»Fesseln finde ich ja geil, aber SM ist pervers!«
Eine nichts ahnende Bekannte im Gespräch

Früher war es einfach zu sagen, was sich im Bett geziemte und was nicht: Wenn der Mann oben lag und bis zum Samenerguss durchratterte wie ein Presslufthammer, während die Frau unter ihm lag und an das Vaterland dachte, dann war alles in Ordnung – vorausgesetzt natürlich, die beiden waren verheiratet und das Ganze dauerte nicht länger als drei Minuten. Vier, wenn man noch verliebt war.

Dann kam die sexuelle Revolution: Nun durfte auch die Frau oben liegen, sitzen oder hocken – vorwärts und sogar rückwärts. Sex konnten Leute haben, die sich nicht gleich für ewig binden wollten, und sogar Spaß war dabei erlaubt. Das Wort »Vorspiel« hielt Einzug in das Vokabular von Paaren, auch wenn die Anwendung noch deutlich hinter den Wünschen einiger Beteiligter hinterherhinkte. Praktiken wie Oral- und Analsex, die seit Jahrhunderten als krankhaft oder »pervers« eingestuft worden waren, wurden gesellschaftsfähig.

Doch gewisse Spielarten der Sexualität galten immer noch als krankhaft, selbst im angeblich aufgeklärten Mitteleuropa: Wenn Frauen Frauen und Männer Männer liebten, wenn man sich im Bett die Augen verbinden oder – Schock! – fesseln, vielleicht sogar Rollenspiele machen oder sich besondere Kleidung dabei anziehen wollte. Alle drei Formen – Homosexualität, Sadomasochismus und Fetischismus – betrachtete die Welt zunächst weiter als das Böse. Nach den Vorstellungen der Psychoanalyse waren sie ein Ticket ohne Rückfahrschein in ein Leben als psychisches Wrack, wenn nicht gleich der Anfang einer aufregenden Karriere als Axtmörder.

Diese finsteren Zeiten sind natürlich vorbei: Den Begriff der »Perversion« gibt es in der Medizin inzwischen nicht mehr. Geblieben sind jedoch einige schwammige Vorstellungen davon, was SM überhaupt ist.

SM kann zunächst einmal als eine Erweiterung des durchschnittlichen Sexlebens betrachtet werden. Die amerikanischen Autorinnen Dossie Easton und Janet Hardy beschreiben SM in *The New Bottoming Book* und *The New Topping Book* als »Graduate School Sex«, also die nächsthöhere Ebene nach einem eingehenden Studium des Sex, oder auch als »Gourmet Sex«, also Sex für Feinschmecker. Es bleibt jedem selbst überlassen, wo – wenn überhaupt – er dabei eine Grenze ziehen will. Streng genommen fängt SM bei der Frage an, wer oben liegt, aber das sieht kaum jemand noch so. Wenn aus Knabbern Liebesbisse werden und Kneten ins Kneifen übergeht, wenn Augenbinden dazukommen, spätestens aber wenn Seile oder Handschellen eingesetzt werden, handelt es sich um SM.

Darüber hinaus ist SM ein erotisches Spiel mit der Macht. Die Partner einigen sich darauf, dass der eine im Bett für eine gewisse Zeit mehr davon bekommt als der andere. Welcher Partner was darf und wie lange das Ganze dauert, ist völlig offen – jedes Geschlecht kann jede Rolle annehmen, für eine halbe Stunde, für eine Nacht, für einen Monat oder vielleicht für die ganze Dauer der Partnerschaft.

Das Ziel ist dabei, dem anderen und sich selbst mit Liebe – wenn auch vielleicht mit liebevoller Härte – Spaß zu bereiten. Die SM-Praktiken werden nahtlos in das normale Sexualleben eingebettet. In den USA gibt es dafür das Eiskreme-Bild. Der durchschnittliche Geschlechtsverkehr ist so etwas wie Vanilleeis:

lecker, aber nach einiger Zeit vielleicht doch etwas langweilig. SM dagegen ist wie Stracciatella. Die Schokoladenstückchen im Vanilleeis geben einen besonderen Kick. Und jetzt sagen Sie bloß, dass Sie keine Schokolade mögen.

FORSCHUNG FATALE

> »In der Wissenschaft besteht gegenüber dem Sadomasochismus eine schwere Hypothek von Vorurteilen und Unkenntnis, von wenigen punktuellen Schilderungen abgesehen.«
> *Andreas Spengler in »Sadomasochisten und ihre Subkulturen«*

SM als Spielart gibt es schon seit Ewigkeiten. In dem vielleicht bekanntesten Sex-Handbuch der Welt, dem *Kamasutra*, das aus der Zeit um 300 nach Christus stammt, werden Schläge mit der offenen Hand zur Luststeigerung beschrieben. Dabei wird ausdrücklich darauf hingewiesen, dass dies nur einvernehmlich geschehen darf.

Dieser unbeschwerte Umgang mit SM ging in den folgenden Jahrhunderten im Westen verloren. Die sich entwickelnde Naturwissenschaft und Medizin nahmen sich des Themas an, was teils zu heute eher belustigenden Ergebnissen führte: Frühe Erklärungsversuche für SM-Vorlieben beruhten wegen mangelnder Anatomiekenntnisse auf wilder Spekulation. 1639 beschrieb der deutsche Arzt Johann Heinrich Meibom der Ältere als Grund für die Erregung durch Rutenschläge, dass diese das Sperma in den Nieren (!) erwärmten, von wo es hinabsteige und die Hoden in Aufruhr versetze. Seine Nachfolger machten später warmes Blut statt Sperma verantwortlich, blieben aber bei dieser Erklärung. Der französische Arzt François Amédée Doppet weitete die Theorie dann 1788 auch auf Frauen aus, deren »Mutterscheide« durch Wärme in Erregung versetzt werde.

Die Begriffe »Sadismus« und »Masochismus« selbst gehen auf den deutschen Psychiater Richard von Krafft-Ebing zurück.

Er war es auch, der eine Verbindung zu gefährlichen Geisteskranken herstellte. In seinem erstmals 1886 veröffentlichten Lehrbuch *Psychopathia sexualis* beschrieb er die »Perversionen«, zu denen für ihn so ungefähr alles zählte, was nicht direkt der Fortpflanzung diente. Den Begriff »Sadismus« prägte er nach seinen lückenhaften Vorstellungen vom Leben des 1814 gestorbenen französischen Schriftstellers Marquis de Sade. Ein Zeitgenosse Krafft-Ebings, der österreichische Schriftsteller Leopold von Sacher-Masoch, musste unter anderem wegen seines 1870 erschienenen Romans *Venus im Pelz* als unfreiwilliger Namensgeber für den Begriff »Masochismus« herhalten. Sacher-Masoch war durch Krafft-Ebings Namenswahl ruiniert.

Aus heutiger Sicht sind Krafft-Ebings Theorien bestenfalls abenteuerlich. Japanische Männer, so lehrte er zum Beispiel, heiraten nur solche Frauen, die jahrelang in den bordellgleichen »Theehäusern« des Landes gearbeitet haben. Sein Verständnis von der Frau, »dem Weib«, war stark durch Vorurteile geprägt: »Ist es [das Weib] geistig normal entwickelt und wohlerzogen, so ist sein sinnliches Verlangen ein geringes.« Zudem verhalte sie sich passiv. Bei Krafft-Ebing werden Masturbation, Kannibalismus, Analsex, Kindermord und andere Taten »lichtscheuer Gestalten« zu einem Mix zusammengerührt, den die heutige Zeit nur vom Vormittagsfernsehen kennt. Wohl gerade deswegen wurden die zwölf Auflagen der *Psychopathia sexualis*, an denen er selbst mitarbeitete, zu Bestsellern ihrer Zeit. Sie machten seine Wortschöpfungen zu den vielleicht erfolgreichsten Begriffen der Psychiatrie: »Sadismus« und »Masochismus« gingen in die Alltagssprache über.

Der österreichische Arzt Sigmund Freud stellte 1905 mit seinen *Drei Abhandlungen zur Sexualtheorie* sicher, dass diese Begriffe weiter Verwendung fanden, indem er ihnen eine zentrale Rolle in der Psychoanalyse zuwies. Freud und seine Schüler fügten der

Sammlung von Vorurteilen noch weitere hinzu: Die Krankheiten Sadismus und Masochismus seien auf eine gestörte Kindesentwicklung zurückzuführen, und Frauen seien sowieso alle irgendwie masochistisch veranlagt. In einigen Teilen der Gesellschaft haben sich diese und ähnliche Vorstellungen bis heute gehalten, obwohl sich die Psychiatrie inzwischen weiterentwickelt hat.

Und noch etwas hatten diese Mediziner und Psychiater gemeinsam: Keiner von ihnen kam auf die Idee, ihre Krankenhäuser und Praxen zu verlassen und zunächst geistig Gesunde zu fragen, was sie denn im Bett machten. Schließlich war es ein Insektenforscher, der Amerikaner Alfred Kinsey, der ab 1938 durch mehr als 12.000 Interviews als Erster eine Vorstellung davon gewann, was dem Durchschnittsbürger Spaß bereitet. Dabei stieß er auch auf eine ansehnliche Anzahl von Menschen, die SM-Spiele mochte. Doch die Welt war von einem anderen Ergebnis viel zu abgelenkt, um das zu bemerken: Plötzlich waren Homosexuelle nicht mehr einzelne Kranke, sondern machten laut Kinsey einen bis dahin ungeahnt großen Anteil der Bevölkerung aus. Die Folgen sind bekannt. Trotz massiver Proteste von Psychoanalytikern wurde die Homosexualität 1973 aus der Liste der Geisteskrankheiten gestrichen – homosexuelle Sadomasochisten natürlich ausgenommen.

Sadomasochisten mussten bis 1974 auf »ihren Kinsey« warten. Er kam in Gestalt des deutschen Arztes Andreas Spengler daher, der eine Studie mit dem Titel *Sadomasochisten und ihre Subkulturen* veröffentlichte. Spenglers Ergebnisse waren eindeutig: Sadomasochisten seien überdurchschnittlich selbstbewusst, gut ausgebildet, sozial aktiv und erfolgreich, subkulturell gut organisiert. Die in wissenschaftlichen Darstellungen verbreitete Annahme eines Zusammenhangs zwischen psychischer Krankheit und abweichender Sexualität könne nicht belegt werden, schrieb er weiter. Eine Kurzversion seiner Ergebnisse erschien 1977 auf

Englisch und revolutionierte die Forschung. Allerdings änderte die American Psychiatric Association in ihrem weltweit gültigen Diagnosehandbuch *Diagnostic and Statistical Manual of Mental Disorders (DSM-IV)* die Kriterien für »sexuellen Sadismus« und »sexuellen Masochismus« erst 1994 so, dass Sadomasochisten nicht mehr davon erfasst werden. Zwischen der *Psychopathia sexualis* und *DSM-IV* liegen damit etwas mehr als 100 Jahre, in denen einvernehmliche Sexspiele mit der Macht als krankhaft galten.

Ist der Ruf erst ruiniert

»Insgesamt kann man aus den Medien ungefähr so viel über SM lernen wie aus dem IKEA-Katalog über Schweden.«
Kathrin Passig und Ira Strübel in »Die Wahl der Qual«

Boulevardpresse und Fernsehen zeichnen ihre eigene Version von SM. Obwohl jede größere SM-Gruppe im Internet eine Website hat und nichtkommerzielle Informationsgruppen wie »Datenschlag« seriöse Ansprechpartner für Journalisten anbieten, nützt das oft nichts: Immer wieder sieht man im Fernsehen schlecht geschminkte Dominas jenseits der 50, die übergewichtige Manager an Ketten über den Fußboden eines verdreckten Kellers schleifen; Männer mit Bierbauch, die in Riesenwindeln und mit einem Schnuller im Mund durch das Vormittagsprogramm krabbeln, oder blasse Muttitypen, die nur kommen können, wenn sie sich mit Orangenmarmelade eingeschmiert haben und an Schlüpfern riechen. In Fernsehkrimis haben Butler und Gärtner ausgedient: Der Sadomasochist ist der Mörder! Und in den Gerichts-Shows im Fernsehen wie »Richterin Barbara Salesch« auf Sat.1 ist SM ein Dauerthema: »Ohnmächtig und im Lack- und Leder-Outfit an ein Heizungsrohr gefesselt, wird Lars von seiner Schwiegermutter im Keller gefunden. Ging beim Liebesspiel nur etwas schief oder wollte sich Domina Lisa am tyrannischen Hausmeister rächen?« (Folge vom 22. September 2003)

Einige Sadomasochisten regt so etwas auf, schon allein deshalb, weil nie erklärt wird, warum SM angeblich immer nur im Keller stattfinden darf, obwohl es da meist fürchterlich kalt ist. Und diese Sadomasochisten beschweren sich. Dabei wird schnell klar, warum die Medien an dieser Art der Darstellung festhalten. So antwortete eine Sprecherin der Produktionsfirma »filmpool« auf den Protestbrief eines Sadomasochisten mit dem Hinweis: »Und die hohe Quote, die Richterin Barbara Salesch auch mit den von Ihnen angesprochenen Sendungen erreicht hat, ist ja ein Zeichen dafür, dass die Thematik insgesamt gesellschaftlich relevant ist.«

Das wichtigste Wort in diesem Satz dürfte »Quote« sein: SM als Mischung aus Sex (stimmt) und Crime (stimmt nicht) aufzubereiten ist interessanter als die unspektakuläre Wirklichkeit, in der Leute wie Sie und wir leben. Unser Alltag eignet sich nicht fürs Fernsehen – aber dafür haben wir genialen Sex.

Durchbruch in den Mainstream

»*Buffy* hat es tatsächlich verstanden. [In der Fernsehserie] wird Sadismus von Feindseligkeit unterschieden und erhält die ihm zustehende Rolle als eine zulässige sexuelle Ausdrucksweise, während Masochismus als solches eine Figur weder schwach noch abnormal oder kaputt macht.«

Sampo Syreeni in »Buffy, bound to please«

Zur Ehrenrettung der Ärzte sei festgehalten, dass einer ihrer Zunft als erster SM als lustvolles Sexspiel einem breiteren Publikum vorstellte. Der Amerikaner Alex Comfort brachte 1972 sein Buch *Joy of Sex* (»Freude am Sex«) heraus, nach dem *Kamasutra* vermutlich der Klassiker unter den Sex-Handbüchern. Fesselungen (Bondage) und Schläge mit Reisig, wie in der Sauna, wurden detailliert als Mittel der Luststeigerung dargestellt, das auch ganz normale Paare verwenden könnten – für die damalige Zeit eine kleine Sensation. Der endgültige Durchbruch in den Mainstream begann dann während der 1980er Jahre, als Hollywood und die Popmusik SM wiederentdeckten. Der SM-Roman *Nine and a Half Weeks: A Memoir of a Love Affair* von Elizabeth McNeill wurde unter dem Filmtitel *9 1/2 Wochen* mit Kim Basinger und Mickey Rourke zum Kinohit. Der Franzose Just Jaeckin wagte sich mit einem Budget von fünf Millionen Dollar sogar an die Verfilmung des Bondage-Comics *Gwendoline* von John Willie; der Film floppte. In Robert van Ackerens Film *Die flambierte Frau* mit Gudrun Landgrebe kommen wie selbstverständlich SM-Szenen vor. Die Amerikanerin Anne Rice, die mit dem Roman *Interview mit einem Vampir* (verfilmt mit Brad Pitt, Tom Cruise und Antonio Banderas) später zur internationalen Bestsellerautorin werden sollte, setzte bereits unter dem Pseudonym A. N. Roquelaure das Märchen von Dornröschen als SM-Trilogie um.

Deutschlands Sittenwächter kämpften zunächst verzweifelt darum, die Nation in den Bahnen des konventionellen Beischlafs zu halten. Die Bücher von Rice und McNeill wurden indiziert, ebenso die Filmplakate und Plattenhüllen des *Gwendoline*-Films, die Originalcomics von John Willie sowieso. Die Zeitschrift *Tempo* musste der Bundesprüfstelle für jugendgefährdende Schriften (BPjS) versichern, keine »Macho-, Sado-Maso- und ähnliche« Kontaktanzeigen mehr zu schalten. Noch 1991 zwang der Deutsche Werberat die Zigarettenfirma West wegen Verstoßes gegen die »guten Sitten«, ein Werbeplakat vom Markt zu nehmen, das eine Frau in Fetischkleidung zeigte. In Deutschland standen Ende der 1980er Jahre etwa siebzig SM- und Fetisch-Publikationen auf dem Index.

Doch wie bei jeder Zensur waren diese Versuche, die Entwicklung aufzuhalten, vergebens. Nachdem die deutsche Erstausgabe von 1968 bei Melzer nach kürzester Zeit auf den Index gesetzt wurde, veröffentlichte der Ullstein Verlag 1991 ein Interview mit Pauline Réage und hängte als Dokumentation den kompletten Text der *Geschichte der O* an – der BPjS sind (sozusagen) bei Dokumentationen die Hände gebunden. Endlich wurde der Roman, in Frankreich bereits 1955 mit dem Literaturpreis *Prix des Deux Magots* ausgezeichnet, dem deutschen Publikum zugänglich. Machtlos blieb die Behörde auch, als sich Sadomasochisten selbst zu Wort meldeten und frei über ihre Neigungen sprachen: Die Autorin Sina-Aline Geißler veröffentlichte ihre Lebensgeschichte unter dem Titel *Lust an der Unterwerfung* (Rastatt 1990) und wurde von Talkshows und Zeitschriften hofiert. Hunderttausende Zuschauer sahen die RTL-Sendung »Hans Meiser« im November 1992, in der Mitarbeiter der SM-Zeitschrift *Schlagzeilen* und andere Sadomasochisten zu einem Interview eingeladen waren. In der Redaktion der Zeitschrift standen danach die Telefone nicht mehr still. Die ARD sendete in ihrer Reihe »Unter deutschen Dächern« am 23. Juni 1994 eine insgesamt positive Dokumentation. Für die Zensur ohnehin praktisch unantastbar sind Künstler wie der Fotograf Helmut Newton oder die deutsche Lyrikerin Ulla Hahn, die in ihrem Buch *Ein Mann im Haus* (München 1991) eine Frau beschreibt, die ausgerechnet einen Küster tagelang ans Bett fesselt und ihn demütigt.

Geradezu lustvoll vorgeführt werden die Sittenwächter von der Musikindustrie. Superstar Madonna lässt sich im Video zum Song *Express Yourself* ans Bett ketten, bittet in dem Lied *Hanky Panky* um Popoklatsche und reizt schließlich die SM-Schiene in *Erotica* voll aus. Guns N' Roses bringt mit *Pretty Tied Up* ein Lied über den Spaß an SM heraus. Die in den 1980er Jahren aufkommende Gothic-Musik teilt mit der sadomasochistischen Subkultur den Kleidungs- und Musikgeschmack so sehr, dass es beide Seiten zu nerven beginnt – ganz zu schweigen davon, dass die Boulevardpresse beide Gruppen zusammen mit den Satanisten in einen Topf wirft. Einen Ehrenplatz auf dieser Liste hält die Musikgruppe »Die Ärzte«: Ein Streit mit der BPjS wegen der Comic-Zeichnung einer gefesselten Frau in Fetisch-Kleidung, angelehnt an *Gwendoline,* endet damit, dass »Die Ärzte« das Logo ändern – zu sehen ist nun ein gefesseltes Skelett, das mittlerweile auch auf Postern, Shirts und anderen Gegenständen prangt. Dank dieses Streits dürfte Gwendoline inzwischen die bekannteste SM-Figur Deutschlands sein – vermutlich eher das Gegenteil von dem, was die Bundesprüfstelle erreichen wollte.

Mitte der 1990er Jahre zieht sich die Prüfstelle aus dieser Materie zurück und konzentriert sich zunehmend auf Rechtsradikale. Auch der Werberat hat gelernt: Eine Serie von Camel-Spots mit einem Kamel als Domina bleibt unkommentiert. Als im Oktober 2000 schließlich die nichtkommerzielle Sadomasochistische Jugendgruppe (SMJG) im Internet ein auf jugendliche SMler zugeschnittenes Informationsangebot herausbringt, sind die Bedenken in der Subkultur über den Kontakt mit Minderjährigen größer als die der Behörden.

Inzwischen ist es fast unmöglich, SM in den Medien aus dem Weg zu gehen. Der spanische Kultregisseur Pedro Almodóvar zeigte 1990 in seinem Film *Fessle mich!* eine wahrhaft fesselnde Liebesgeschichte. In der Fantasy-TV-Serie *Buffy – Im Bann der Dämonen* gibt es ebenfalls keinen Mangel an Anspielungen; unter anderem wird selbstverständlich von Codewörtern gesprochen, die beim Spiel zu beachten sind. Spätestens mit der US-Film-Trilogie *Matrix* gehört die vermeintliche Lieblingskleidung der Sadomasochisten – Lack, Gummi und schwarzes Leder – endgültig zum Mainstream. In dem Film *Drei Engel für Charlie* (2000) gibt Lucy Liu vor faszinierten Ingenieuren die in Leder gekleidete Domina, die mit dem Rohrstock auf den Tisch haut. In *Mr. & Mrs. Smith* (2005) stellt Angelina Jolie eine Domina dar, wie auch Sarah Connor in dem Musikvideo *Heat between the sheets*. Selbst die Berliner Sparkasse brachte im März 2003 eine Anzeige heraus, in der sich eine Frau mangels Möbeln zum Schmökern auf ihren Mann setzt.

Die Liste von Persönlichkeiten, die an SM interessiert sind oder von denen es vermutet wird, ist lang. Neben den genannten Zeitgenossen gehört auch der Elsässer Künstler Tomi Ungerer dazu. Er hat ganze Serien von Zeichnungen über SM gemacht und schrieb in seinem Großband *Erotoscope* (Köln 2001): »Stark von Klimt und Schiele beeinflusst liebe ich es, die Frau zu zeichnen, vor allem in Situationen der Unterwerfung … Eine gefesselte Frau hebt sich von der Wirklichkeit ab. Sie wird fließender, und ebenso ergeht es dem Stift, der sie aufs Papier bringt.«

Zu den historischen Persönlichkeiten mit einem derartigen Interesse gehörten mehr oder weniger sicher der britische Forscher

Lawrence von Arabien, der französische Philosoph Jean-Jacques Rousseau sowie sein Kollege Michel Foucault. Der britische Premierminister William Ewart Gladstone findet sich auf der Liste, der russische Autor Fjodor M. Dostojewski und dessen britischer Kollege Algernon Charles Swinburne. Die Iren können vermutlich mit dem Schriftsteller James Joyce aufwarten, die Franzosen ziemlich sicher mit dem Autor Jean Genet. Im Werk des deutschen Grafikers Franz von Bayros mangelt es nicht an SM-Motiven, ebenso in dem seines Maler-Kollegen Rudolf Schlichter. Der amerikanische Schriftsteller F. Scott Fitzgerald war möglicherweise ein Fußfetischist. Und auch der australische Komponist Percy Grainger, der Dramaturg Kenneth Tynan, möglicherweise auch der britische Schriftsteller C. S. Lewis gehörten dazu.

Die Unsicherheit bei vielen Namen hat einen guten Grund: Die Mitglieder der sadomasochistischen Subkultur halten nichts davon, ihre sexuellen Vorlieben jedem bekannt zu machen, insbesondere nicht ohne die Zustimmung der Beteiligten – Zwangsoutings sind so gut wie unbekannt.

Die Leute, vor denen Mutti immer gewarnt hat

Wie bei Schachspielern und Hobbygärtnern gibt es unter den Sadomasochisten einige, die ihre Neigung aus Leidenschaft betreiben und diesen Interessen fast als Zweitberuf nachgehen. Diese Leute kommen unweigerlich in Gruppen zusammen oder organisieren sich auf eine andere Art: als die viel zitierte sadomasochistische Subkultur. Oft verbindet sich hiermit die Vorstellung von lichtscheuen, kaum vertrauenswürdigen Gestalten oder von modelähnlichen Sexgöttern mit prallen Muskeln und wogenden Brüsten. Aber die Menschen, die sich dort treffen, neigen dazu, ganz durchschnittlich zu sein – leider oder zum Glück, je nachdem wie man das sehen will.

Rückfahrt nach einer Fete

Es war meine erste Fete in und mein erster Kontakt mit der Subkultur, ein wahres Fest der Sinne in einem Wasserschloss im Ruhrgebiet. Gute Freunde hatten mich mitgenommen und im übertragenen Sinn meine Hand gehalten, während Stunde um Stunde immer mehr Vorurteile gegenüber SM von mir abfielen. Dass ich mich noch nicht völlig davon befreit hatte, wurde mir erst klar, als meine Freunde mir sagten, dass sie mich doch nicht nach Hause fahren könnten. Ob ich mit – nennen wir sie hier einmal – Markus und Peter fahren könnte?

Beide waren einen Kopf größer als ich, und ihre Kleidung setzte sich aus polierten Lederstiefeln, geschnürten Lederhosen und schweren Lederjacken zusammen. Ihr freundliches Lächeln konnte mich nicht ganz davon ablenken, dass sie Reitgerten und

Handschellen bei sich trugen. Vermutlich, so dachte ich, waren sie auch irgendwo tätowiert. Dennoch sagte ich, dass das gar kein Problem sei. Als ich ins Auto stieg, dachte ich nur: Das ist genau die Situation, vor der deine Mutter dich 25 Jahre lang gewarnt hat. Auf der Rückfahrt passierte jedoch nichts Ungewöhnliches: Markus und Peter sprachen wie alle Leute über ihre Arbeit, Computer, Frauen und Fußball, während ich auf dem Rücksitz mit bangem Blick die Straßenschilder kontrollierte.

Einige Wochen später traf ich Markus und Peter in Straßenkleidung wieder – warum ich dann über mich selbst lachen musste, habe ich ihnen vorsichtshalber nicht erklärt.

Für jemanden, der nur hin und wieder SM betreibt und nicht gleich ein neues Hobby sucht, ist die Subkultur hauptsächlich als Informationsquelle nützlich, wenn es um Fragen der Praktiken, gute Anlaufstellen für interessante Kleidung oder billige Seile geht. Behalten Sie im Hinterkopf, dass es irgendwo in Ihrer Nähe hilfreiche Geister gibt, sollten Sie sie jemals brauchen. Es liegt ganz bei Ihnen, ob Sie ansonsten Ihrer eigenen Wege gehen.

3. Babel beim Bondage

»Das Drehbuch ist ohnehin geschrieben. Wer versucht, es nach den eigenen Bedürfnissen zu schreiben, erkennt, dass Sexualität Spiel ist.«

Holger Schenk in »Geheimnis, Illusion und Lust«

Bevor es nun richtig losgeht, möchten wir noch kurz die Wortwahl ansprechen: Die Jahrzehnte des fröhlichen Nebeneinanders von medizinischen Fachbegriffen, Subkultur-Slang und sensationslüsternen Wortschöpfungen der Presse haben zu einem sprachlichen Chaos geführt, über das man ganze Doktorarbeiten schreiben könnte. Mediziner fügen traditionell einen Bindestrich zwischen die Wörter »Sadismus« und »Masochismus« ein und sprechen von »Sado-Masochismus«. Mitglieder der Subkultur verwenden den Begriff »Sadomasochismus« hingegen für eine eigenständige sexuelle Minderheit. Die meisten Journalisten schreiben einfach »Sado-Maso«, doch dies gilt in der Subkultur als abwertend und zeigt Eingeweihten, dass der Autor von der Materie keine Ahnung hat. Von »Bizarr-Sex« wird fast nur in der kommerziellen Szene gesprochen.

Selbst mit den Abkürzungen ist es nicht so einfach. »S/M« folgt der Vorstellung der Mediziner von zwei getrennten Krankheiten, während in den USA häufig »S&M« geschrieben wird. In der Subkultur setzt sich mehr und mehr »SM« durch, weil es zeigt, dass die beiden Aspekte untrennbar zusammengehören, also dass nichts zwischen ihnen steht. Wegen des Streits um die Abkürzung für die Leute, die solche Spiele machen – »SMer«

oder »SMler« –, bemühte die Internetgruppe »Bizarre-Talk« sogar den Duden-Verlag: »SMler« sei der Vorzug zu geben, lautete die Empfehlung.

In diesem Buch haben wir uns für die folgenden Schreibweisen entschieden: Die Spielart heißt Sadomasochismus, abgekürzt SM; die Leute, die so etwas machen, heißen Sadomasochisten, abgekürzt SMler. Wenn sie zusammen ihre Art von Sexualität ausleben, heißt es Spiel, das von Top – derjenige, der mehr Macht ausübt und aktiver ist – und Bottom – derjenige, der sich passiv verhält und sich dem anderen hingibt – ausgelebt wird. Wechseln sie die Rollen, so nennt man das Switchen. Nichtsadomasochisten sind Vanilles, eine Anspielung auf das schon beschriebene Eiscreme-Bild.

Und jetzt wird es endlich Zeit, mit dem ganzen Vokabular etwas anzufangen. Wenn Sie das Buch bis hierhin gelesen haben, dann schwirren in Ihrem Kopf wahrscheinlich bereits genügend Fantasien für Wochen, wenn nicht Monate oder Jahre herum. Vermutlich sind diese Bilder alte Bekannte, mit denen Sie sich regelmäßig beschäftigen, möglicherweise schon so lange Sie denken können. Vielleicht waren Sie bisher der Meinung, dass es nicht notwendig ist, so etwas in die Realität umzusetzen. Natürlich geht es um Ihre Fantasien, und es ist allein Ihre Entscheidung, aber überlegen Sie gut, ob Sie nicht das eine oder andere mit Ihrem Partner ausprobieren wollen. Es lohnt sich.

Allerdings müssen die Fantasien irgendwie aus Ihrem und Ihres Partners Kopf, wenn Sie sie umsetzen wollen. Das gestaltet sich nicht unbedingt immer einfach, zum einen, weil in den richtig schmutzigen Fantasien immer etwas vorkommt, das einem zumindest ein bisschen peinlich ist. Zum anderen glauben viele zu wissen, dass der Partner es ohnehin nicht mögen würde. Natürlich lässt sich das nicht ausschließen, aber wenn Sie es gar nicht versuchen, werden Sie es vielleicht nie oder erst sehr spät erfahren. Grundsätzlich gilt: Tabuloser Sex fängt mit tabulosen Gesprächen an. Wie Sie das hinkriegen, erfahren Sie auf den nächsten Seiten. Ein Tipp vorweg: Machen Sie vorher das Bett. Man weiß nie, wo so ein Gespräch endet.

Warum Sie den Mund aufmachen müssen

Irgendwann hat sich die Vorstellung gefestigt, dass guter Sex immer spontan ist und ohne Worte am besten funktioniert. Wenn jemand den richtigen Partner gefunden hat, wird oft unterstellt, dass man sich ohne Worte versteht. Außerdem sollte Sex mit jedem Partner instinktiv klappen. Seltsamerweise erwartet das niemand, wenn es um die anderen, eigentlich einfacheren Dinge in der Partnerschaft geht, wie die Frage, wer das Auto auftankt, den Abwasch macht oder den Müll hinausbringt – da raten Experten zu hemmungsloser Kommunikation. Aber beim Sex, wo eigentlich Fantasie und ein Eingehen auf den Partner gefragt wäre, herrscht häufig Sprachlosigkeit. Wenn es bei Rein-raus-aus-die-Maus bleiben soll, ist Reden vielleicht wirklich nicht nötig. Gewisse Dinge lassen sich auch einfach zeigen, wobei der Mund nicht (oder zumindest nicht immer) benutzt werden muss. Spätestens aber wenn jemand etwas wirklich Ausgefallenes tun will, muss er es in Worte fassen. SM stellt sogar noch etwas höhere Ansprüche: Hier ist Kommunikation – neben Vertrauen – die Grundlage für eigentlich alles. Es reicht zum Beispiel nicht aus zu sagen, dass man »auf Fesselspiele« stehe, denn da können die Vorstellungen und Fantasien weit auseinanderklaffen: Während der eine bequem daliegen will, während er langsam und sanft, aber völlig hilflos zum Höhepunkt gebracht wird, möchte ein anderer bis zur Erschöpfung gegen seine Fesseln kämpfen, bevor er sich geschlagen gibt und sich dem Sieger als Beute überlässt. Einfach nur zu sagen, dass man »SM mag«, ist keine ausreichende Basis. Stellen Sie sich einmal die folgende Situation vor:

»Wir brauchen ein neues Auto. Soll ich eins kaufen gehen?«

»Ist gut. Bist du zum Essen wieder zurück?«

Bei dieser Art der Absprache braucht es nicht zu verwundern, dass er mit einem Porsche zurückkommt, während sie eher an einen Geländewagen gedacht hat. Zumindest auf das Modell sollten die Beteiligten sich vorab grob einigen, über Lackfarbe und Sitzpolster lässt sich ja immer noch sprechen, wenn die Probefahrt vorbei ist. In diesem Bereich ist es denkbar einfach, die eigenen Vorstellungen und Wünsche zu formulieren, doch beim Thema Sex sieht es ganz anders aus: Eigentlich sollten Sie mit Ihrem Partner hemmungslos über Sex sprechen können. Doch erstaunlich viele Menschen haben ohnehin ein Problem damit, überhaupt über Sex zu reden. Und SM ist für sie dann die Steigerung von peinlich. Oft haben diese Personen regelrecht Angst, ihr Partner könnte wegen ihrer Fantasien geschockt sein. Diese Angst ist unserer Erfahrung nach fast immer unbegründet. Bereits 1990, als SM in Deutschland gerade wieder zum öffentlichen Thema wurde, schrieb die Autorin Sina-Aline Geißler dazu in ihrem Buch *Lust an der Unterwerfung*: »Ich habe keinen Mann getroffen, gleich welchen Alters und welcher Gesellschaftsschicht, der nach meinem Eingeständnis, ich sei masochistisch, sich nicht hocherfreut zur Verfügung gestellt hätte. Wirklich: keinen einzigen.«

Für die Menschen, denen Gespräche über die Themen Sex und SM nicht so leichtfallen, gibt es ein paar Tricks, die sie beherzigen können. Zwar werden ihnen einige Dinge immer noch peinlich sein, aber die Belohnung für ein paar Minuten mit roten Ohren und heißen Wangen ist ein Sexualleben, das tatsächlich ihren Wünschen entspricht.

Die Gefahren des Schweigens

Eigentlich hätte alles hervorragend klappen müssen. Bei einer der vielen Fernsehsendungen, die sich Mitte der 1990er Jahre um SM drehten, saß ich mit meinem Freund auf dem Sofa und sagte in den Raum hinein: »Du, so was wie die da möchte ich auch mal machen.« – »Oh prima«, meinte er. »Wollte ich immer schon mal ausprobieren, diese SM-Geschichte.« Damit war das Gespräch beendet und ich harrte nun der Dinge, die da kommen sollten.

Beim nächsten Sex war es so weit: Mein Freund verband mir die Augen und fesselte mich umständlich ans Bett. Ich nahm das als notwendiges Vorspiel hin und wartete weiter gespannt. Und es geschah ... nichts. Gar nichts. Hallo? Ich wollte, dass er mir all die schmutzigen Dinge sagte, die er willens war, mit mir anzustellen. Wollte, dass er mir Namen gab, die auch einem aufgeklärten Mädchen die Schamröte ins Gesicht trieben. Dann band er mich auch schon wieder los und sprudelte über vor lauter Aufregung. Wie toll das doch alles sei und dass das genau das sei, was er sich immer gewünscht hatte. Was sollte ich da noch sagen? Der Sex danach war klasse, aber irgendwie hatte ich mir etwas viel Spektakuläreres und vor allem etwas ganz anderes vorgestellt.

Die Wochen vergingen und es änderte sich nichts, außer dass mein Freund die Fesseltechnik von Mal zu Mal verfeinerte, sich immer stärker begeistern konnte – und ich mich mit jedem Mal mehr langweilte. Aber ich wollte ihm doch nicht seinen Spaß nehmen. Was sollte ich auch sagen? »Flüstere mir beim Sex schmutzige Worte ins Ohr, oh Meister«, das kam mir doch sehr lächerlich vor. Also spielte ich mit. Es war ja nicht schlimm, nur machte es mich nicht gerade an.

Bis ich dann zwei Monate später beim Spiel einfach einschlief. Ohne jede Vorwarnung. Ich wachte wieder auf, als mein Freund mir wortlos die Fesseln abnahm. Ein ziemlich bedrücktes Schweigen entstand. Nun hatte ich die Wahl: Ich konnte etwas von »war ein harter Tag, entschuldige, du« murmeln oder die Gelegenheit beim Schopf packen. Todesmutig entschied ich mich für die zweite Möglichkeit. Mit einem hastigen »Du, können wir nich mal was anderes ausprobieren?« verkroch ich mich ans äußerste Ende des Bettes, mein Gesicht hatte mittlerweile die Farbe einer sehr reifen Tomate. Es folgte eine Diskussion, die sich so zusammenfassen lässt: »Ich dachte, du magst das.« – »Ja, aber ich hab was anderes darunter verstanden.« – »Ach, was denn?« – »Na ja ...« Und dann sprach ich über ungefähr 15 Fantasien, die allesamt nichts mit Bondage zu tun hatten. Ganz allmählich kehrte meine normale Gesichtsfarbe zurück. Bei einigen Sachen bekam mein Freund rote Ohren, bei anderen verzog er das Gesicht und bei wieder anderen fing er an zu murmeln, das ließe sich ja gut verbinden.

Und so kam es, dass wir zum ersten Mal darüber redeten, was wir schon seit Monaten taten. Und je mehr wir redeten, desto mehr Kombinationsmöglichkeiten unserer Spielarten fanden wir. Es kostete immer wieder Überwindung, die eigenen Wünsche zu äußern, aber das Ergebnis konnte sich sehen lassen. Unnötig zu erwähnen, dass ich seither nie wieder beim Sex eingeschlafen bin, oder?

Der vielleicht nicht ganz so grosse Sprung

Einer muss den ersten Schritt machen, wenn es darum geht, Fantasien in die Wirklichkeit umzusetzen. Wenn Sie dieses Buch gerade lesen, sind Sie es wahrscheinlich. Viele Leute loten lieber zuerst die Vorlieben ihres Partners aus, bevor sie ihre eigenen offenbaren. Das können Sie mit ganz einfachen Mitteln probieren: Es gibt sicherlich keinen Mangel an SM-Szenen in gängigen Magazinen, Filmen, Musikvideos oder Büchern. Sorgen Sie dafür, dass Ihr Partner so etwas in die Finger kriegt, wenn Sie dabei sind. Achten Sie auf seine Reaktion, ohne aber erst einmal zu viel zu erwarten: Wenn er nicht weiß, wie Sie zum Thema SM stehen, wird er vielleicht genauso hinterm Berg halten wie Sie. Denn wäre er weniger vorsichtig als Sie, hätten sie beide bestimmt schon längst über das Thema gesprochen. Können Sie an seinem Verhalten gar nichts ablesen, müssen Sie den nächsten Schritt auch noch gehen und das Thema direkt ansprechen.

Haben Sie keine Idee, wie Sie beginnen sollen? Dann fragen Sie Ihren Partner doch einfach ganz naiv: »Hast du schon mal so was gemacht?« Was er daraufhin sagt, ist vielleicht weniger wichtig, als wie er es sagt – schließlich scheint er auch nicht sehr offen mit seinen Vorstellungen umzugehen. Versuchen Sie zu erkennen, ob die Frage ihn aufwühlt, ihm peinlich ist oder ob er »so etwas« schroff von sich weist. In diesem Fall müssen Sie vielleicht etwas mehr Geduld aufbringen.

Wählen Sie für ein Vorhaben dieser Art aber auf keinen Fall SM-Pornos aus, wenn Sie Ihren Partner mit Filmen das Thema nahebringen wollen. Der größte Teil der angeblich sadomasochistischen Pornofilme ist sehr schlecht und häufig abstoßend. Sie tragen wirklich nicht zur Aufklärung bei, eher stoßen Sie Ihren

Partner damit vor den Kopf und erwecken zudem noch den Eindruck, dass Sie keinen Geschmack haben. Einige Mainstream-Filme bieten da eher einen lustigen Einstieg. Häufig handeln sie von etwas schrägen Charakteren, wie in dem schon genannten Film *Fessle mich!* von Pedro Almodóvar. Darin geht es um einen Mann, der seine Angebetete ans Bett fesselt, damit er ihr zeigen kann, wie sehr er sie liebt – allerdings ist die Fesselung arg unprofessionell. *Secretary* von Steven Shainberg ist ein Film über eine Liebesgeschichte zwischen einem Chef und seiner Sekretärin, die lustig gemacht ist, jedoch beide Hauptcharaktere als leicht verrückt darstellt. Um das Thema SM auf den Tisch zu bringen, sind solche Filme sicherlich nicht falsch. Eine der besten Sex-Szenen mit SM-Prägung ist in dem Film *Lulu* mit Francesca Neri als Hauptdarstellerin zu sehen – Augenbinde, Knebel, langsames Aufschneiden der Kleidung, herrlich. Zwar dämpft das Ende dieser Szene die Freude etwas, aber wer sich davon den Rest des Films nicht verderben lässt, bekommt hier eine nette Situation vor Augen geführt, um auf den Geschmack zu kommen – und hoffentlich einen Aufhänger für das eigene Spiel.

Die Top Ten der No-Nos für den Anfang

1. Alle Sätze, die in etwa so anfangen – »Mein(e) Ex hat im Bett auch immer ...« –, sind ganz schlecht und haben auf der ewigen Liste der hundsmiserablen Ansätze für ein interessanteres Sexleben den ersten Platz ergattert.

2. Auch ein zwischen Aufräumen und Elternbesuch beiläufig dahingesagtes »Ach, Schatz, wie wäre es denn, wenn du mich demnächst mal im Bett fesselst« bringt selten den gewünschten Erfolg.

3. Direkt nach dem Sex einen Satz wie »Ja, das war ganz nett, aber schau mal, ich hab hier zufällig ein paar Seile, damit käme es noch geiler« fallen zu lassen, garantiert bestenfalls ein sehr verkrampftes nächstes Mal – falls es überhaupt noch eins gibt.

4. Ein Streit, der mit »Und was ich dir immer noch mal sagen wollte, im Bett bist du auch viel zu lasch, ich brauche was Härteres ...« endet, sollte besser auch vermieden werden. Denn wenn daraufhin beim nächsten Mal etwas Härteres zum Einsatz kommt, ist es wahrscheinlich so etwas wie ein Vibrator.

5. Zufällig, während sich das Pendant eigentlich auf einen netten Filmabend à la »Kevin allein zu Haus« eingestellt hat, schon einen Hardcore-Porno im Gerät haben und dann sagen: »Ups ... na, aber wenn er schon mal drin ist ... was hältst du denn davon?« – auch nicht schön.

6. Regieanweisungen während des Sex wie »Jaaaaa, schon nicht schlecht, mein Schatz, aber schau mal hier, eine Gerte, hau mich doch mal« helfen kaum weiter.

7. Ebenfalls während des Sex den Partner ohne Vorwarnung zu überfahren mit: »Ja, du Schlampe, komm her, du brauchst es doch«, das kommt nicht wirklich gut.

8. Ebenso ist es nicht hilfreich, genauso plötzlich vor ihr auf die Knie zu sinken und sabbernd ihre Füße anzubrabbeln, sodass sie mühsam heraushört, dass das Häufchen Elend zu ihren Zehen Dinge sagt wie: »Ich Wurm bin zu unwürdig, Ihre Füße anzubeten, oh Herrin.« Das wird – wenn Sie Glück haben – vielleicht gerade mal ein Lacherfolg.

9. Alle Anspielungen auf den gesamten Themenkomplex, wenn man gerade in gemütlicher Runde mit Freunden sitzt. Sätze wie: »Ach, wenn wir nachher nach Hause kommen, dann kriegt er/ sie/es erst einmal, was sie braucht« werden eher peinlich berührtes Schweigen denn eine wirklich nette Nummer nach sich ziehen.

10. Gar keine gute Idee: rein zufällig den Schlüssel für den geheimen Koffer mit allen gängigen Hardcore-Pornoheften der letzten zehn Jahre auf dem Frühstückstisch liegen lassen. Kann sein, dass eben jener Koffer nebst sämtlichen anderen Habseligkeiten am Abend vor der Tür steht.

Am besten für den Anfang ist natürlich immer ein Beispiel aus dem Leben. Erzählen Sie Ihrem Partner (ganz beiläufig) von einer guten Freundin, die SM-Spiele gemacht hat und riesig Spaß daran hatte. Noch besser ist es natürlich, wenn diese Freundin tatsächlich zur Verfügung steht, um davon zu erzählen und etwaige Fragen zu beantworten, aber notfalls war es halt eine Bekannte aus früheren Tagen.

Oder Sie versuchen es mit einer Wette: Der Gewinner darf einen Abend lang alles, aber wirklich alles mit dem Verlierer machen, was er will. Wenn Sie gewinnen, können Sie sich langsam vortasten und sehen, wie Ihr Partner reagiert. Haben Sie verloren, können Sie nicht nur sehen, auf welche Gedanken er oder sie von alleine kommt, sondern auch versuchen, deutlich zu machen, was »alles« wirklich bedeuten kann. Die letzte und direkteste Möglichkeit: Atmen Sie tief durch, schlucken Sie einmal kräftig und sprechen Sie Ihren Partner ohne Umschweife auf das Thema Neuerungen beim Sex an. Ob Sie das bei einem Essen oder während einer langen Autobahnfahrt nach oder sogar vor dem Sex machen, müssen Sie wissen – Sie kennen Ihren Partner schließlich am besten.

Wie auch immer Sie vorgehen, vermeiden Sie zu Beginn den Begriff »SM« beziehungsweise »Sadomasochismus«. Das mag albern klingen, doch leider ist das Wort ziemlich belastet und vielleicht verbindet Ihr Partner unschöne Dinge damit. Sprechen Sie stattdessen von »Fesselspielen«, »Rollenspielen« oder beschreiben Sie einfach, was Ihnen so vorschwebt. Wenn Sie dann gemeinsam neue Formen des Sexes gefunden haben, können Sie immer noch über die Wortwahl reden.

Gespräche mit roten Ohren

Sie haben das Eis gebrochen, das Thema ist auf dem Tisch – und was jetzt? Zuallererst treffen Sie mit dem Partner eine Vereinbarung: Das Schlafzimmer (oder wo Sie auch immer Sex haben) ist ab jetzt ein »Spielzimmer«, in dem jede Rolle und jede Fantasie erlaubt ist, ohne dass sie in den Alltag getragen wird. Damit bekommt dieser Raum einen Schutz, hier können Sie in jede Rolle schlüpfen, ohne dass Ihr Partner es Ihnen irgendwann vorhält oder Sie damit aufzieht. Wer (oder auch was) Sie im Bett sind, hat nichts mit Ihrem wirklichen Leben zu tun, außer wenn Sie dies unbedingt wollen. Genauso sieht es bei den Fantasien aus: Einigen Sie sich darauf, dass alles gesagt werden darf, dass keine Idee zu seltsam, kindisch, bizarr oder verrückt ist, um angesprochen zu werden. Und zwar ohne, dass einer von Ihnen einen roten Kopf kriegen müsste – auch wenn das sehr wahrscheinlich passieren wird.

Mit Sicherheit werden Sie anfangs mal stottern, wenn Sie Ihre Fantasien formulieren, und ein komisches Gefühl haben. Denn es ist nicht leicht, sich jemanden so sehr zu öffnen, auch wenn es sich um den eigenen Partner handelt, mit dem man schon viel erlebt hat. Wichtig ist es, erst einmal zu beginnen: Wie alles andere wird das Sprechen über die eigenen Fantasien mit der Übung leichter.

Schon bald werden Sie sich gar nicht mehr daran erinnern können, dass Sie jemals Probleme damit gehabt haben. Menschen, die schon länger Sadomasochismus betreiben, können selbst für Sexualwissenschaftler unerwartet offen sein: »Bei einer Gruppendiskussion mit heterosexuellen Personen in einem Lederstudio überraschte uns zum Beispiel die offene Art, in der die anwesenden Personen über ihre sexuellen Praktiken und Neigungen sprachen. Auf unsere Rückfrage erklärten sie, dass dies in der Szene üblich sei, man wisse schließlich alles voneinander«, schreibt der Sozialwissenschaftler Thomas A. Wetzstein in *Sadomasochismus – Szenen und Rituale.*

Ob Sie so weit gehen wollen, liegt bei Ihnen, das Beispiel soll nur zeigen, wie selbstverständlich der Umgang mit den eigenen Interessen nach einiger Zeit werden kann.

Um das neue Erleben in Gang zu bringen, können Sie zu den Anfängen zurückkehren und mit dem Partner das erste aller Sexspiele aufgreifen: Zeigst du mir deins, zeig ich dir meins. Sie sprechen eine Fantasie an, vielleicht zunächst die harmloseste aus Ihrem Katalog, und dann kommt Ihr Partner an die Reihe. Egal wie trivial die Fantasie sein mag, wenn sie ausgesprochen wird und der Partner sie ernst nimmt, ist eine erste Vertrauensbasis geschaffen, auf der sich weiter aufbauen lässt. Die nächste Fantasie, die sie austauschen, wird vermutlich schon um einiges pikanter sein. Vielleicht merken Sie es nicht sofort, aber Ihre Beziehung wird sich durch diesen Austausch vertiefen.

Wenn Sie trotz aller guten Vorsätze kein Wort herausbringen, teilen Sie Ihrem Partner Ihre Fantasie schriftlich mit. Benutzen Sie Stift und Papier oder schreiben Sie eine E-Mail. Auch hier gilt: Tauschen Sie sich möglichst Zug um Zug aus. Bewahren Sie diese Briefe ruhig auf – in einigen Jahren werden Sie liebevoll auf diese ersten zögerlichen Schritte zurückblicken.

Die eigenen Fantasien in Worte zu fassen ist aber nur die Hälfte der Miete. Ihr Partner wird ebenfalls konkrete Vorstellungen haben, und wenn Sie mutig vorangehen, wird er diese auch aussprechen. Und dann werden Sie zwei Dinge feststellen. Erstens: Ihr Partner ist offenbar genauso verrückt wie Sie, nur anders, und hat einige richtig gute Ideen. Zweitens: Unter seinen Fantasien gibt es wahrscheinlich einige, mit denen Sie nicht viel anfangen können. Lassen Sie sich aber von Gedanken wie »Das werde ich nie tun können!« oder »So etwas macht ihr wirklich Spaß?« nicht erschrecken. Menschen sind vielfältig und einzigartig, auch ihre Fantasien werden sich nicht genau gleichen. Sie werden einige Vorstellungen haben, mit denen er (zumindest noch) nichts anfangen kann und umgekehrt. Vergessen Sie nicht, was Sie vereinbart haben – das Schlafzimmer ist ein Spielzimmer, und dort darf jede Rolle eingenommen und jede Fantasie angesprochen werden, wirklich jede. Deshalb sollten Sie auch niemals über einen Wunsch lachen, egal wie albern Ihnen der eine oder andere vorkommen mag. Niemand erwartet von Ihnen, dass Sie alle Fantasien mit ihm teilen, doch der Respekt muss immer gewahrt bleiben. Sie erwarten schließlich auch, dass Ihr Partner respektvoll mit Ihnen umgeht.

Nachdem Sie über Ihre Fantasien gesprochen und eine gemeinsame Basis gefunden haben, folgt der große Schritt in die Wirklichkeit. Probieren Sie einfach das aus, was Ihre Fantasie Ihnen vorgibt, finden Sie heraus, was Ihnen gefällt. Anregungen dazu finden Sie in den Kapiteln zu Fesselspielen, Rollenspielen und magischen Gegenständen. Werden Sie Piratenbraut, Prostituierte, Schuljunge, Wikingerprinz, setzen Sie Eiswürfel, Augenbinden oder Fesseln ein. Auch wenn Sie versucht sind, weiter mit Ihrem Partner über SM zu reden, irgendwann kommt der Punkt, an dem Sie einfach loslegen müssen.

Wenn Sie Glück haben, ist schon beim ersten Mal alles genau so, wie Sie es sich immer vorgestellt haben, und Sie sinken nach Stunden ermattet und völlig ausgepowert, aber unendlich glücklich in die Kissen. Eine langjährige Fantasie umzusetzen ist eine der erhebendsten und erfüllendsten Erfahrungen, die ein Mensch machen kann: Wer gelernt hat, dass Träume Wirklichkeit werden können, besonders wenn er niemals daran geglaubt hat, gewinnt Zuversicht für alle Lebenslagen.

Was mache ich hier eigentlich?

Wenn jemand jetzt ein Foto von mir machen würde, bekäme man eine Frau auf einem Bett zu sehen, die verzweifelt versucht, am Metallgitter am Kopfende einen Palstek, einen bestimmten Knoten, hinzubekommen. Nein, ich übe nicht für einen Segelkurs, ich will auch keine Pferde anbinden. Mein mir Angetrauter hat mir letzthin verkündet, dass die Sache mit den Manschetten zwar ganz nett ist, aber er doch eigentlich mal mit echten Seilen festgemacht werden möchte. Und, was für ein Zufall, er hat gerade welche gekauft. Toll. Ich mag schon dieses Geknibbel mit den Manschetten nicht. Es bringt mir einfach nichts, jedenfalls die Sache an sich nicht. Es ist schon klasse, zu sehen, wie sehr er darauf anspringt, dafür hab ich häufiger schon mal einen hervorstechenden Beweis gesehen. Und das wiederum macht mir sehr viel Spaß.

Wirklich zuwider ist Bondage mir also nicht. Es ist nur so ... langweilig. Dieses ewige Knoten auf, Knoten zu und meist brechen mir dabei noch die Fingernägel ab. Mindestens einer. Und dann dieses Herumprobieren, bis auch wirklich alles sitzt. Allerdings hab ich ihm das nicht gesagt. Als er sich dazu durchgerungen hatte, mir seine Wünsche zu sagen, haben seine Augen geleuchtet. Und da wollte ich es halt mal ausprobieren. Und eigentlich ist allein seine Vorfreude dieses ganze Knotengeübe hier wert, und es ist ja nicht so, als ob ich nichts davon hätte. Mal ehrlich, wenn er erregt ist, dann bin ich es meist auch. Oder zumindest werde ich es.

Bleibt nur noch die Frage, was ich denn heute mit ihm tue, wenn er wehrlos vor mir liegt. Er hat nie gesagt, dass wir nur Fesselungen austesten sollten. Okay, er liegt also gefesselt und wehrlos vor mir – natürlich mit formvollendeten Knoten gebun-

den – und harrt dessen, das da nun kommen mag. Und ich spiele mit ihm die Eiswürfel-Szene aus »9 1/2 Wochen« nach. Das wollte ich nämlich immer schon mal machen. Und danach ... Genau, das ist es! Wieder schaue ich auf die Seile vor mir. Nicht, dass mir das Herumknoten schlagartig mehr Spaß machen würde, und mit Feuereifer übe ich jetzt bestimmt immer noch nicht. Aber jetzt weiß ich wenigstens, wofür ich das Ganze hier tue. Für ihn, weil ich ihn liebe. Und für mich, weil ich an diesem gefesselten Mann etwas für mich ausprobieren möchte.

In der Regel erfüllen die ersten Spiele allerdings nicht die mit ihnen verbundenen Erwartungen. Der wichtigste Grund dafür: Die Umsetzung geschieht in der Wirklichkeit. Eis ist tatsächlich kalt, Klammern bereiten wirklich Schmerzen, die kleinen Äste auf dem Waldboden hat man immer ausgeblendet und irgendwie hat das mit dem Knoten in den Fantasien auch sofort geklappt. Oder der Partner verhält sich nicht so, wie Sie es sich immer vorgestellt haben.

Wahrscheinlich tut er dies gar nicht aus böser Absicht oder Unfähigkeit, sondern weil er nicht weiß, was Sie genau wollen, und weil Sie selbst auch keine Erfahrung mit diesen Spielen haben. Vielleicht können Sie sich vor Aufregung auch gar nicht richtig fallen lassen. Oder Sie stellen schlicht und einfach fest, dass Ihre Fantasie in echt nicht so gut ist, wie Sie es sich immer erträumt haben.

Derartige Erfahrungen sind normal, doch nach und nach werden Sie Ihren Partner, Ihr Partner Sie und vor allem Sie sich selbst besser kennenlernen. Wenn Sie erneut zu einer Fantasie zurückkehren, wird die Umsetzung schon deutlich besser laufen. Mit ein wenig Übung werden Sie sich leichter fallen lassen und leichter in Ihre Rolle schlüpfen können. Vor allen werden Sie als

Paar lernen, miteinander zu spielen und sich aufeinander zu verlassen. Im Grunde ist das nichts Neues: Erinnern Sie sich an das »erste Mal«, daran, wie unbeholfen und unsicher Sie waren?

Nach dem Spiel sollten Sie früher oder später mit Ihrem Partner darüber reden. Welcher Zeitpunkt der richtige ist, bestimmen Sie: Einige Paare fangen an zu reden, bevor beide wieder richtig Luft kriegen, andere warten Tage oder Wochen. Lassen Sie sich so viel Zeit, wie Sie brauchen. Besonders nach einem sehr intensiven Erlebnis – und das erste SM-Spiel wird sehr intensiv sein – kann es einige Zeit dauern, bis Sie etwas dazu sagen können. Reden Sie aber auf jeden Fall über diese Erfahrung, tauschen Sie sich aus, sprechen Sie darüber, was Ihnen gefallen hat, was nicht und was Sie in Zukunft ausprobieren wollen. Ja, auch das kann wieder peinlich sein – vielleicht sogar peinlicher als das Gespräch vor dem ersten Spiel. Dennoch sollten Sie diesen Schritt auf gar keinen Fall überspringen.

Vermutlich erscheint es Ihnen jetzt so, als müssten Sie ständig reden – vorher, nachher, wahrscheinlich noch mittendrin! Doch diese Gespräche gehen weit über den Moment hinaus: Jedes Wort ist eine Investition in eine lustvollere Zukunft und stärkt die Vertrauensbasis, von der aus Sie noch höher steigen können. Ihnen werden neue Ideen einfallen und Sie werden von Ihrem Partner neue Anregungen bekommen, und plötzlich werden aus Ihren Einzelfantasien gemeinsame Fantasien, die Sie zusammen erkunden.

Brave Mädchen bleiben es nicht

Woher eine derartige Entwicklung kommt, diese Frage stellen sich vor allem die männlichen SMler, wenn sie sich plötzlich gut vertäut am falschen Ende der Gerte wiederfinden. Fakt ist: Die meisten Frauen, die in die Fantasiewelt des SM eintauchen, tun dies zuerst als Bottom. Die Theorien über diese selten durchbrochene Regel reichen von Erziehung über Sicherheitsbedürfnis bis hin zur angeblich »wahren Natur der Frau«. Früher oder später wechselt aber nahezu jede Frau die Rollen, selbst weibliche Bottoms, die sich niemals vorstellen konnten, einen anderen Knoten zu binden als den ihrer Schuhe. Und doch passiert es: Top-Fantasien schleichen sich langsam, aber unablässig in die Köpfe der Frauen. Meist können sie den Zeitpunkt gar nicht benennen, auf einmal ist dieses klitzekleine Bild da, in dem sie selbst oben sind. Dieses Bild weitet sich zu einer Szene aus, dann zu einem Spiel. Und wenn die Vorstellung ausgereift ist, will frau es auch mal probieren.

In der Folge gewinnen viele Frauen, die in ihrem Leben eher unsicher waren, viel Selbstsicherheit hinzu, wenn sie merken, dass auch sie Macht ausüben können, wenn sie nur wollen. Dieses neue Selbstbewusstsein macht nicht an der Schlafzimmertür Halt. Viele Frauen werden im wahrsten Sinne des Wortes um Zentimeter größer, weil sie plötzlich aufrecht gehen. Das mag für den Partner nicht immer einfach sein, aber wer will schon eine Frau, die zu allem ja sagt – vor allem, weil in fast jedem Kerl auch ein kleiner Bottom steckt …

Kontrolle ist gut, Vertrauen ist besser

Für Gespräche über SM und alles, was danach folgt, ist eines zwingend notwendig: Ohne Vertrauen geht hier gar nichts. Beim SM begibt sich ein Partner mehr oder weniger in die Hand des anderen, lässt sich fallen, gibt die Kontrolle ab. Spätestens bei Fesselspielen ist einer dem anderen ausgeliefert – das ist schließlich irgendwie die Idee dahinter und dann muss das Vertrauen da sein, damit es lustvoll werden kann.

Nun ist das mit dem Vertrauen so eine Sache. Da Sie ja nicht wissen, was ihr Partner mit Ihnen macht, werden Sie schon ins kalte Wasser springen und ihm den Kranz mit den Vorschusslorbeeren umhängen müssen. Dann ist er am Zug. Nur die Erfahrung wird Ihnen zeigen, ob er sich dieses Vertrauens würdig erweist.

Es sollte so sein, dass Ihr Partner auf Sie aufpasst und Sie heil und sicher durch die Stürme Ihrer Lust steuert. Mit jedem gelungenem Spiel verstärkt sich das Vertrauen. Das gibt Ihnen die Sicherheit, sich beim nächsten Mal leichter und vor allem tiefer fallen lassen, wodurch sich dieses Gefühl noch weiter verstärkt.

In den folgenden Kapiteln werden Sie erfahren, wie Sie mit jeder Praktik erst einmal klein anfangen. Nicht nur, weil einige Dinge wie Knoten handwerklich gelernt sein wollen, sondern auch, weil Sie und Ihr Partner langsam lernen müssen, sich gegenseitig zu vertrauen. Je mehr gute Spiele Sie gemeinsam erleben, desto weniger wird es der Alltag sein, der Ihnen Vertrauen für Ihre sexuellen Abenteuer gibt. Vielmehr wird Ihr Sexleben Ihr übriges Leben mit Ihrem Partner bereichern. Sie werden nicht mehr nur ein Paar sein, sondern auch ein Team mit starkem Zusammengehörigkeitsgefühl.

SM erfordert von den Partnern im wahrsten Sinne des Wortes blindes Vertrauen. Sowohl für den Neuling als auch für den erfahrensten SMler gilt daher: Spiele nie mit jemandem, dem du nicht zu 100 Prozent vertraust. Das heißt aber auch, dass man nur mit Menschen spielt, die man kennt – Bondage ist bei einem One-Night-Stand eine ziemlich dumme Idee –, und dass man sich auf seine Instinkte verlässt. Wer einem anderen Menschen gegenüber ein ungutes Gefühl hat, kein Vertrauen zu ihm verspürt, der sollte einfach nicht mit ihm spielen.

Männliches und weibliches Vertrauen

Lassen Sie nicht außer Acht, dass Männer und Frauen Vertrauen auf ganz unterschiedliche Weise verstehen.

Männer scheinen zwischen sexuellem und allgemeinem Vertrauen zu unterscheiden. Wer sie über mehrere Jahrzehnte und bei tausenden Anlässen nicht einmal enttäuscht hat, der hat vielleicht, möglicherweise, eventuell die etwaige Chance, des Mannes Vertrauen zu gewinnen – bedingt, zumindest. Anders sieht das beim sexuellen Vertrauen aus. Es muss etwas mit den Hormonen zu tun haben: Kaum deutet eine Frau auch nur ansatzweise an, dass sie sich vorstellen könnte, auf die eine oder andere Spielart einzugehen, lassen sich die gleichen Männer bis zur totalen Hilflosigkeit fesseln, ohne dass sie auch nur den Nachnamen der guten Dame wissen, die sie vor einer halben Stunde kennengelernt haben. Sollte sich herausstellen, dass das ein Fehler war, dann tut der Mann das achselzuckend als Teil seiner Lebenserfahrung ab, lässt seine Kreditkarte sperren und schert sich nicht weiter drum.

Eine solche Unterteilung gibt es bei Frauen nicht. Meist vertrauen Frauen oder sie tun es nicht – Punkt. Manche geben gerne mal einen Vertrauensvorschuss, manche lassen den anderen sich das Vertrauen sehr, sehr schwer verdienen. Eins ist aber gleich: Es ist allumfassend, egal ob es sich um Herzensangelegenheiten, den neuesten Klatsch oder eben aber sexuelle Eskapaden handelt. Und gnade demjenigen Gott, der dieses Vertrauen missbraucht, es reicht schon der Hauch eines Verdachtes, dass mit diesem Geschenk nicht so sorgsam umgegangen wurde. Bei Vertrauensbrüchen stellen Frauen sehr schnell die ganze Beziehung zu dem jeweiligen Menschen in Frage. Der muss sich dann sehr, sehr gute Gründe für sein Verhalten einfallen lassen – und unendliche Reue zeigen, um die Situation zu retten.

Das Safeword

Für viele Leute ist eine der wichtigsten Bedingungen für Vertrauen das Wissen, dass sie das Spiel jederzeit abbrechen können. Dabei ergibt sich ein Problem: Wenn der Vampir (Ihr Partner) gerade in das Schlafzimmer der unschuldigen Jungfrau (Sie) gestürzt ist, um sie in sein Schloss nach Transsylvanien (das Wohnzimmer) zu entführen und sie »Nein! Nein!« ruft, wie soll der Blutsauger mit zurückgegelten Haaren und der schwarzen Bettdecke um den Hals wissen, ob das Spiel oder Wirklichkeit ist? Um dieses Problem zu lösen, hat sich in der Subkultur das »Safeword« (englisch für »Sicherheitswort«) entwickelt: Ein besonderes Wort, das das Spiel sofort beendet. »Nein« ist natürlich kein günstiges Safeword, es sollte schon etwas wie »Igelgrütze« oder »Drehzahlmesser« sein, also ein Wort, das (vermutlich) nie in einem Spiel vorkommen wird. Die Partner einigen sich gemeinsam auf das Safeword und gehen damit eine Verpflichtung ein. Der Bottom wird es nur benutzen, wenn er in wirklichen Schwierigkeiten ist, und der Top wird es immer respektieren und sofort das Spiel abbrechen. Das Safeword erfüllt im Sadomasochismus die gleiche Funktion wie die Notbremse beim Zug oder ein Fallschirm im Flugzeug: Es sollte immer vorhanden sein, jeder sollte wissen, wie es funktioniert, aber es muss fast nie benutzt werden. Machen Sie ein Safeword mit dem Partner aus und gehen Sie verantwortungsvoll damit um.

Wahl und Pflege des Safewords

Das Safeword, das sich auf europäischer Ebene durchgesetzt hat und in so gut wie allen SM-Gruppen verstanden wird, lautet

»Mayday«. Es kommt nur selten innerhalb eines Spiels vor und es ist selbst dann gut verständlich, wenn jemand es durch einen Knebel hindurch sagt. Wer auf Nummer sicher gehen will, kann dem Bottom auch einen kleinen Ball mit einer Glocke aus dem Tiergeschäft oder einen anderen, nicht zu schweren Gegenstand in die Hand geben, der beim Hinfallen Lärm macht. Statt das Safeword zu sagen, kann der Bottom den Gegenstand einfach fallen lassen.

Daneben gibt es noch das sogenannte Ampel-Safeword. »Gelb« bedeutet dann so etwas wie »Ich müsste jetzt wirklich dringend auf die Toilette und das Anhalten ist auch nicht mal erotisch. Pause!« oder »Mir schläft gerade der Arm ein. Können wir mal kurz die Fesseln lösen?« Das heißt, dass derjenige, der dieses Wort verwendet, nach einer Unterbrechung durchaus weiterspielen möchte. Wird das Wort »Rot« ausgesprochen, ist »Stopp, aus, vorbei, das geht nicht, ich kann nicht mehr« gemeint, das Spiel wird dann komplett und vor allem sofort abgebrochen.

Als nicht geeignet haben sich Wörter wie »Nein«, »Bitte nicht« oder auch »Gnade« erwiesen, da sie im Spiel öfter gebraucht werden, ohne dass einer der Beteiligten unterbrechen möchte. Einige Paare haben auch eigene Safewords wie »Erdbeermarmeladenbutterbrötchen« oder »Kfz-Mechanikergeselle«. Sie werden zwar wahrscheinlich nicht in einem Spiel auftauchen, doch ein Standard wie »Mayday« fällt einem im Ernstfall sicher eher wieder ein.

Wie man Vertrauensbrüche kittet

Wenn man lange genug zusammen spielt, wird früher oder später irgendetwas schiefgehen. Vielleicht öffnet sich ein Knoten nicht schnell genug oder der Partner sagt unwissentlich etwas Falsches, eventuell hat er vergessen, die Tür abzuschließen, und die Katze springt dem Partner mitten im Spiel auf die Brust. Welche Art von Panne es auch war, danach ist erst einmal das Vertrauen gestört.

Wenn Sie in eine solche Situation geraten, sollten Sie sich zunächst klarmachen, dass so etwas immer wieder vorkommt und vorkommen wird – Menschen machen Fehler. Stellen Sie dann sicher, dass Ihr Partner genau erkennt, wodurch die Panne entstanden ist. Sprechen Sie mit ihm darüber, wie Sie sich fühlen und warum das so ist. Wenn alle Missverständnisse beseitigt sind, kehren Sie am besten zu einem weniger intensiven Spiel zurück, das neues Vertrauen erzeugt, und nehmen Sie einen neuen Anlauf. Paradoxerweise können solche Schwierigkeiten die Beziehung noch mehr festigen. Wenn Sie sehen, wie Ihr Partner nach einem Fehler reagiert, dass Probleme gemeinsam gelöst werden, wird das Vertrauen weiter gefestigt. Achten Sie jedoch genau auf Ihr Gefühl: Wenn das Vertrauen völlig zerstört ist und Sie nicht daran glauben, dass es wiederhergestellt werden kann, sollten Sie nicht mehr mit der betreffenden Person spielen. Leider.

Humor: Das beste Gleitmittel

Es hält sich ja tapfer das Gerücht, dass SMler zum Spielen und zum Lachen in den Keller gehen. Der Erfahrung nach spielen aber erstens die meisten SMler in gut geheizten Räumen und zweitens müssen sie auch beim Spiel des öfteren lachen, denn wie überall herrscht hier Murphys Gesetz. Beispiele gefällig?

Da war das Pärchen, das sich eifrig Klammerspielchen hingab. Auf Nachfragen des besorgten Tops, meinte die Sub, die Klammern täten ja gar nicht so weh. Plötzlich gab es von oben einen Ruck und der Dübel, an dem die Kette, welche die Handmanschetten hielt, gab nach. Dreck und Putz rieselten herunter, der Bottom direkt ins Auge. In die nachfolgende Stille hinein war ihr einziger Kommentar: »DAS tut jetzt aber weh.« Die Session wurde erst Stunden später fortgesetzt, als sich beide wieder beruhigt und sie einen neuen Dübel eingesetzt hatten.

Oder der SMler, der in einem Reitgeschäft steht und sich Gerten aussuchen will. Nach einigen Minuten kommt ein distinguierter älterer Herr hinzu und interessiert sich ebenfalls für die Dressurgerten. Nach weiteren zwei Minuten stillen Vor-sich-hin-Ausprobierens richtet der ältere Herr das Wort an den SMler: »Sagen Sie, Sie haben wohl auch kein Pferd, oder?« Nach dem ersten »Erwischt«-Augenblick sind beide einen Kaffee trinken gegangen und bis heute eng miteinander verbunden. Sie gehen nur noch gemeinsam auf Gertenkauf.

Daneben gibt es natürlich die Klassiker: Top verschnürt Bottom höchst kunstvoll und aufwändig – und als er gerade den letzten Knoten geknotet hat, fällt dem Sub punktgenau ein, dass er furchtbar dringend auf die Toilette muss.

Oder man ist gerade ganz vertieft in ein Spiel und es klingelt Sturm. Vor der Tür steht ein Überraschungsbesuch, der Langeweile hatte und nur mal kurz vorbeischauen wollte.

Und immer wieder tolerieren muss man plötzliche und unerklärliche Kicheranfälle des Subs, weil irgendetwas, das der Top gerade getan oder gesagt hat, urkomisch war und nicht zum erotischen Kontext passte.

Am besten geht man mit Pannen um, indem man sie nicht zu ernst nimmt. Wie im wahren Leben gilt auch hier: Humor macht sexy.

AUGEN ZU UND REIN

Bevor Sie nun praktisch in die Welt des SM eintauchen, denken Sie noch einmal darüber nach, warum Sie sich für diese Spielart interessieren: Sie möchten aufregenden und lustvollen Sex, der Ihre Kreativität anspricht, kurz, er soll Spaß machen. Damit Sie und Ihr Partner dieses Ziel erreichen, nehmen Sie sich die Sicherheitstipps und Warnungen in den folgenden Kapiteln bitte zu Herzen. Experimentieren Sie am Anfang auch ruhig erst einmal alleine.

Wählen Sie ein weiches Tuch aus, das breit und lang genug ist, um die Augenhöhlen ganz abzudecken und hinter dem Kopf zusammengebunden zu werden. Falls Sie eine Brille oder Kontaktlinsen tragen, nehmen Sie diese jetzt ab beziehungsweise heraus. Legen Sie dann das Tuch als Augenbinde an: Es sollte stramm sitzen, darf aber keinen Druck auf die Augäpfel ausüben.

Wenn das Tuch nicht ungewöhnlich breit ist, wird Ihnen eines sofort auffallen: Sie können an Ihrer Nase vorbeischauen und Ihre Füße sehen. Was haben Sie gerade gelernt? Dass auch bei SM Film und Wirklichkeit weit auseinanderliegen. In Hollywood reicht der dünnste Stoffstreifen vor den Augen, und die Heldin ist stockblind.

Hier geht es um Ihre ersten Erfahrungen – schummeln Sie also nicht, sondern machen Sie einfach die Augen zu. Wenn Sie mit der Zeit Gefallen an der Augenbinde finden und sie häufiger benutzen wollen, können Sie immer noch eine Augenbinde kaufen oder basteln, bei der die Nase nicht verhindert, dass Sie tatsächlich nichts mehr sehen.

Wenn Sie sich nicht auf Ihre Augen verlassen können, werden Ihre anderen Sinne schärfer, Sie achten mehr auf das, was

Sie hören, und Sie fühlen, schmecken und riechen intensiver. Ihr Gleichgewichtssinn dagegen leidet deutlich, wenn Sie Ihre Umgebung nicht sehen können, jeder Schritt wird ein Wagnis. Bleiben Sie zunächst einfach sitzen oder liegen und gewöhnen Sie sich an das Gefühl, eingeschränkt zu sein.

Wenn Sie beide diesen ersten Schritt getan haben und sich damit wohl fühlen, können Sie gemeinsam weitermachen. Legen Sie fest, wer zuerst Top und wer zuerst Bottom ist – werfen Sie notfalls eine Münze, wirklich wichtig ist es zu diesem Zeitpunkt eigentlich nicht. Beginnen Sie dann mit einfachen Spielen, denn dabei können Sie beide Ihren Gefühlen in der jeweiligen Situation nachspüren. Stellen Sie sich diese Spiele wie einen Tanz vor: Ein Partner führt den anderen und dieser lässt sich führen, beide haben Spaß daran. Dann tauschen Sie die Rollen. Egal in welcher Verteilung Sie später spielen wollen, es ist immer gut, wenn der Top aus eigener Erfahrung weiß, wie sich das Ganze für den Bottom anfühlt und umgekehrt. Denn der Top wird wesentlich einfühlsamer und auch erregender spielen können, wenn er sich auch in den Bottom hineinversetzen kann. Das ist übrigens ein Prinzip, auf das wir immer wieder zurückkommen werden.

Für die ersten Spiele nehmen wir einmal an, dass Sie den Part des Bottom übernehmen.

Streicheln – Haut pur

Sie legen sich mit verbundenen Augen auf das Bett, nackt, strecken alle viere von sich und lassen sich von Ihrem Partner verwöhnen. Streicheln, küssen, knabbern, lecken und Berührungen mit verschiedenen Stoffen wie Seide oder Fellstücken lösen ein wunderbares Gefühl aus. Ebenso lassen sich Eiswürfel, Bürsten und Federn einsetzen: Ihrer Fantasie – oder besser, der Ihres Partners – sind hier keine Grenzen gesetzt. Genießen Sie die Empfindungen auf Ihrer Haut, lauschen Sie den Geräuschen und Gerüchen, die Sie umgeben und lassen Sie sich einfach treiben. Vermutlich werden Sie anfangs erstaunt sein, wie schwierig es ist, sich einfach fallen zu lassen. Aber schon bald werden Sie merken, wie schön die Hingabe ist.

FÜTTERN – MEHR ALS SATT WERDEN

Oder verwandeln Sie die Küche in eine Liebesoase. Mit verbundenen Augen wissen Sie nicht, was Sie dort erwartet, besonders, wenn der Partner alles etwas umgestellt hat. Also dürfen Sie die Hände in den Schoß legen und genießen, was auf Sie eine Löffelfüllung nach der anderen zukommt. Vermutlich wird nicht alles in Ihrem Mund landen ... Bei diesem Spiel – berühmt geworden durch den Film *9 1/2 Wochen* – müssen Sie damit rechnen, dass Ihnen einige kleinere Gemeinheiten untergejubelt werden, denn nur wenige können der Versuchung widerstehen, zwischen Honig und Schokolade auch einmal Senf zu verabreichen. Zwingen Sie sich trotzdem, sich Ihrem Partner auszuliefern, und öffnen Sie den Mund schön weit, auch wenn er böse schmunzelt. Auch hier kann Vertrauen schon geübt werden.

Schritt für Schritt ins Vertrauen

Die nächste Stufe der Spannung besteht darin, sich mit verbundenen Augen von seinem Partner umherführen zu lassen. Auch wenn dies auf Dauer vermutlich nicht zu einem eigenständigen Spiel werden wird, erfüllt es am Anfang der Erlebnisreise in den Sadomasochismus eine wichtige Funktion: Sie lernen, Ihrem Partner zu vertrauen, sich in seine Hände zu begeben, auch wenn es um mehr als die Frage geht, ob sich auf dem Löffel wirklich Nougatcreme befindet.

Das Vertrauen, das Sie in dieser Situation im wahrsten Sinne des Wortes Schritt für Schritt aufbauen, wird Ihren Spielen später Siebenmeilenstiefel verpassen. Alles zu einfach, glauben Sie? Sie kennen Ihre Wohnung zu gut?

Dann erhöhen Sie die Schwierigkeit: Tragen Sie hochhackige Schuhe (das macht den Gang unsicher), verschränken Sie Ihre Hände im Nacken (das verlegt den Schwerpunkt nach oben) oder lassen Sie sich von Ihrem Partner wie beim Blinde-Kuh-Spiel ein paar Mal um die eigene Achse drehen. Spätestens dann werden Sie sich auf Ihren Partner verlassen müssen, denn er muss Sie vor dem Umfallen bewahren und verhindern, dass Sie gegen ein Regal laufen oder den Fernseher umrennen. Auch sonst ist alles erlaubt, was Sie hilfloser, ausgelieferter macht. Sie können sich ganz einfach ausziehen zum Beispiel. Besonders ein männlicher Bottom wird sich dann plötzlich ganz neuartige Gedanken darüber machen, welche Möbel genau auf der Höhe seiner Genitalien sind, ganz zu schweigen davon, dass er die Blicke des noch angezogenen Partners auf seiner Haut spürt. Seien Sie sicher, dass er sich jeden einzelnen Schritt bewusst machen und seine eigene Reaktion prüfen wird.

Auch bei der Art des Führens fangen Sie am besten klein an und steigern Sie die Schwierigkeit: Anfangs geht Ihr Partner bei diesem Spiel rückwärts vor Ihnen her und führt Sie mit den Händen an den Hüften – wenn irgendwas im Weg steht, läuft er zuerst dagegen.

Wenn Ihnen das langweilig wird, gehen Sie einen Schritt weiter: Der Führende stellt sich hinter Sie und legt eine Hand auf Ihre Schulter. Jetzt steht mehr auf dem Spiel, Ihre Nase zum Beispiel, wenn Sie blind gegen den Türrahmen laufen. Nur Ihr Partner kann das verhindern.

Die letzte Stufe besteht darin, dass der Top Sie ohne eine Berührung steuert. Er sagt nur noch, wie Sie gehen sollen – wie weit Sie sich drehen, wie viele Schritte Sie machen, wann Sie anhalten sollen.

Auch wenn Sie wissen, dass der andere neben oder hinter Ihnen steht, jederzeit bereit, Sie aufzufangen oder zu stoppen, spüren Sie dies nicht mehr. Sie als Bottom sind gezwungen, Ihrem Top völlig zu vertrauen.

Gehorchen Sie ihm bedingungslos. Lassen Sie sich einfach fallen und vertrauen Sie darauf, dass er Sie nicht gegen die Zimmerpalme laufen oder über die Türschwelle stolpern lässt. Wundern Sie sich nicht, wenn der Top mehr schwitzt als der Bottom – hier lernen nicht nur Sie Ihrem Partner zu vertrauen, er lernt auch, mit mehr Verantwortung umzugehen.

Kommen Ihnen diese Spiele vielleicht trivial vor? Dann denken Sie daran, dass es an dieser Stelle noch nicht um irgendwelche Raffinessen oder wilde Spiele geht. Vielmehr erfahren Sie etwas darüber, wie Sie Vertrauen aufbauen, sich fallen lassen oder Verantwortung übernehmen können. Außerdem lernen Sie etwas über sich selbst: Finden Sie die Hilflosigkeit oder die Kontrolle tatsächlich so erregend, wie Sie erwartet haben? Verspüren Sie Angst oder eher einen lustvollen Nervenkitzel? Vertrauen Sie

Ihrem Partner wirklich? Und wie gut kommunizieren Sie miteinander?

Sind Sie nun bereit, diese Empfindungen noch stärker werden zu lassen? Dann lesen Sie weiter und treten Sie ein in die Welt des Bondage.

4. Fesselnde Verbindungen

»So viel von dem Reiz der japanischen Seilfesselung liegt in der sinnlichen, visuellen Schönheit des Gefesselten ... Das Seil muss ein visuelles Vergnügen für den Fesselnden, den Gefesselten und jeden Betrachter sein.«

Midori in »The Seductive Art of Japanese Bondage«

Erotische Fesselspiele, »Bondage« genannt, fangen beim schnellen Anlegen von Klettbändern an und reichen bis hin zu kunstvollen Verschnürungen mit meterlangen Seilen aus eingeöltem Hanf. So kann Bondage neben sinnlichen Stunden zu zweit auch die Chance bieten, ein handwerkliches und künstlerisches Geschick auszuleben oder überhaupt erst zu entdecken. Aber auch wenn Sie nicht schon in Kindertagen als Häuptling Wilder Adler durch das hingebungsvolle Fesseln gefangener Cowboys an Marterpfählen für Ihr späteres Sexualleben geübt haben und im Moment nur staunend vor den Bildern aufwändig eingewickelter Japanerinnen sitzen, kann Bondage etwas für Sie sein. Auch die größten Meister dieser Disziplin haben ihre ersten Knoten mehr hingefummelt als formvollendet geschwungen.

Ein Bondage-Spiel beginnt damit, dass der Bottom sich ohne Gegenwehr vom Top fesseln lässt – es ist praktisch unmöglich, jemanden zu fesseln, der nicht stillhält, auch hier können Sie Hollywood nicht trauen. Auf dieser Grundlage gibt es zwei große Varianten von Fesselspielen. Bei der ersten akzeptiert der Bottom die Fesselung und konzentriert sich ganz auf die erotischen Peinigungen, die der Top für ihn bereithält. Dabei ist es nicht wichtig, ob der Bottom sich befreien könnte, denn er versucht es gar nicht. Das heißt nicht, dass er einfach passiv in den Seilen liegt. Einige Bottoms lieben es, an den Seilen zu reißen, sich aufzubäumen, sich wild vor Lust hin und her zu werfen, getragen von dem Gefühl, nichts an ihrer Lage ändern zu können. Dass sie sich vielleicht jederzeit befreien könnten, ist nebensächlich. Diese Form des Bondage wird von Anhängern auch als Love Bondage bezeichnet.

Die andere Gruppe von Bondage-Fans will es wissen. Kann ich mich befreien? Komme ich an den Knoten heran? Lässt sich diese Schlinge nicht irgendwie über die Finger streifen? Die Fesselung ist für sie eine Herausforderung, sie haben einen fast sportlichen Ehrgeiz, auch die tückischsten Verschnürungen des Top zu lösen. Dabei greift der Top nicht ein. Die Fesseln, einmal angelegt, müssen von selbst halten. Kann sich der Bottom nicht befreien, liegt die Belohnung für den Top ausgestreckt oder zusammengeschnürt vor ihm. Was der Hobby-Houdini bekommt, wenn er tatsächlich die Fesselung überwindet, sollte vorher festgelegt werden.

Spass an Zwang und Zwingen

Wichtiger als die äußere Form ist allerdings die Frage, was dem Einzelnen an der Sache eigentlich Spaß macht, denn daraus ergibt sich ganz von selbst, wie man spielt. Bondage kann auf mehreren Ebenen befriedigen. Der Bottom hat dabei die Möglichkeit, sich völlig fallen zu lassen. Sobald das letzte Klettband sitzt, der letzte Knoten festgezogen wird oder das letzte Schloss zuschnappt, hat er so gut wie keine Verantwortung mehr. Wenn er hilflos ist und nicht in das Geschehen eingreifen kann, muss er das auch nicht. Er darf sich voll und ganz auf die eigenen Empfindungen konzentrieren. Für andere Liebhaber der Fesselkunst sind die Hilflosigkeit und der Verlust der Kontrolle an sich schon erregend, das Wissen, dass der Partner alles mit einem machen kann, was er will, die Spannung, was denn diesmal geschieht. Fesselspiele dieser Art lassen sich wunderbar mit Augenbinden kombinieren. Sind Sie der Bottom, werden Sie sich vor Neugierde winden, während um sie herum Dinge vorbereitet werden, die Sie nur erahnen, aber nicht wirklich einordnen können – vielleicht räumt Ihr Partner in Wirklichkeit nur die Sockenkiste ein. Der Top weiß, dass Sie nichts sehen, und kann die Spannung ins Unermessliche steigern. Mit Bondage werden besonders intensive Erlebnisse möglich, wenn ein Partner den anderen langsam, vielleicht über Stunden immer weiter in Richtung Orgasmus treibt, aber die Erlösung so lang hinauszögert, dass der andere am Ende fast den Verstand zu verlieren glaubt.

Bondage als körperliche Erfahrung wird von einer kleineren Gruppe von Sadomasochisten praktiziert, die bewusst streng und in unbequeme Positionen geschnürt werden wollen. Die Herausforderung, sich dem Diktat der Seile anzupassen, das Gefühl des eigenen Körpers unter Zwang, die Anstrengungen, die nötig sind, um eine noch einigermaßen bequeme Haltung zu finden und endlich die Erlösung (und meist auch die Erschöpfung) – das alles löst bei diesen SMlern erotische Empfindungen der ganz eigenen Art aus, die auf andere Weise kaum hervorgerufen werden können.

Im Gegensatz dazu kann der Gedanke hinter einem Fesselspiel auch ganz einfach ein romantischer sein: Sie machen sich Ihrem Partner zum Geschenk, nur dass er Sie selbst einpacken muss und erst am Ende die letzten Schleifen gelöst werden. Nicht wenige Sadomasochisten haben ihren Partner zu Weihnachten oder zum Geburtstag in einem Hauch von Nichts gefunden, die Manschetten schon umgelegt, aber noch nicht zugeschlossen, mit einer großen, roten Schleife um den Hals.

Für den Top bedeutet Bondage zuerst einmal jede Menge Arbeit. Er sorgt vor dem Spiel für die richtige Atmosphäre, damit alles entspannt ablaufen kann. Je nach Geschmack kann er dazu Kerzen anzünden oder auf Musik zurückgreifen. Die Seile und andere Materialien müssen griffbereit daliegen und die Zimmertemperatur muss geregelt werden, denn einem Bottom, der lange nackt und bewegungslos daliegt oder dasitzt, wird schnell kalt. Darüber hinaus muss der Top so weit im Fesseln geübt sein, dass der Bottom es bequem oder – noch schwieriger – bis zum genau richtigen Punkt unbequem hat. Es dürfen keine Gefäße oder Nerven abgeschnürt werden, trotzdem sollten die interessanten Körperteile gut erreichbar sein. Darauf zu achten ist auch, dass die Fesseln nach dem Spiel möglichst schnell wieder gelöst werden können, um den Bottom in die Arme schließen zu können. Wenn der Bottom sich genüsslich fallen lässt, hat der Top die alleinige Verantwortung, ihm das größtmögliche Vergnügen zu bereiten, um ihn schließlich wohlbehalten in die wirkliche Welt zurückzuholen.

Der Lohn für alle diese Mühe ist zum einen die Kontrolle – der Top entscheidet, wann und wie der Bottom seinen Höhepunkt erreicht, und weiß, dass alle Lust des Partners auf ihn zurückgeht. Beim Bondage spielt auch das Optische eine große Rolle: der Anblick des (hoffentlich) ästhetisch verschnürten Partners, sein gestreckter Körper, die Art, wie er sich in den Fesseln sinnlich windet, wie er versucht, trotz aller Hindernisse entweder den Fingern des Top zu entkommen oder – häufiger – wie er sich nach Berührungen sehnt, sie noch stärker an den richtigen Stellen spüren will. Bondage erlaubt es dem Top, sich lange und ausführlich mit dem Körper des Bottom zu beschäftigen, ihn nach Belieben zu erforschen und zu betrachten. Diese Art der Aufmerksamkeit ist sehr intensiv und wird auch beim Bottom nicht ihre Wirkung verfehlen. Zwar hat der Top zweifellos die Kontrolle, doch es ist der Bottom, der völlig im Mittelpunkt steht.

Aber nicht nur diese Art von tiefer Sinnlichkeit ist möglich. Das Spiel »Komme ich frei?« ist für die Gegenseite ebenfalls befriedigend, wenn nämlich der Bottom nach aufwändigem Kampf zugeben muss, dass er sich nicht selbst befreien kann. Damit gibt er dem Top eine Bestätigung, die wie bei keinem anderen Spiel eine derart direkte Befriedigung nach sich zieht. Auch hier spielt die Optik eine große Rolle: Der Anblick des kämpfenden Bottom, vielleicht nackt, häufig stöhnend, fast immer verschwitzt, hat einen ganz eigenen Reiz für den Betrachter. Bondage-Fans haben nur selten Langeweile, denn auf langen Zugreisen, im Wartezimmer von Behörden oder in einer Vorlesung, die anscheinend niemals enden will, können sie sich immer die Zeit mit dem Gedanken daran vertreiben, mit welchen Mitteln der Bottom am besten in eine bestimmte Stellung gebracht und gehalten werden kann.

Ein Wort zum Unbehagen

Am Anfang kann es für den Einzelnen schwierig sein zu akzeptieren, dass er aufgrund der Hilflosigkeit des Partners durch dieses Gefühl der Macht über ihn Lust empfindet. Wir sind aus gutem Grund dazu erzogen, solche Empfindungen infrage zu stellen. Daher ist es wichtig, sich immer wieder klarzumachen, dass man als SMler seinem Partner nicht gegen dessen Willen etwas antut, sondern dass auch er es will. Eine gefesselte Person an sich wirkt nicht erotisch. Das prickelnde Gefühl entsteht erst dadurch, dass der andere will, dass man ihn in diese Lage bringt und diese Lage der gemeinsamen Lust dient – auf Grundlage von Freiwilligkeit.

Der Einstieg: Pseudofesselungen

Sie haben herausgefunden, dass das Gefühl von Hilflosigkeit Sie begeistert und erregt? Dann steigen Sie am besten mit Pseudofesselungen ein, die Sie auch erst einmal wieder alleine ausprobieren können. Dabei werden Sie sich hilflos fühlen, aber jederzeit freikommen können.

Wählen Sie hierfür ein sehr kurzes, weiches Seil oder einen dünnen Stoffstreifen aus und knoten Sie die Enden so zusammen, dass ein Ring entsteht. Nehmen Sie die Hände auf den Rücken und stecken Sie Ihre Handgelenke durch den Ring. Anschließend verdrehen Sie die Handgelenke mit einer kreisförmigen Bewegung so gegeneinander, dass sich die Stoffbahn wie eine Acht um Ihre beiden Handgelenke wickelt. Und zwar so oft, bis Sie merken, dass sich die Fesselung eng genug anfühlt.

Ihre Hände sind nun auf dem Rücken fixiert und Sie spüren den Druck wie bei echten Fesseln, können sich aber befreien, wenn Sie die Handgelenke in die andere Richtung gegeneinanderdrehen. Dieser Trick ist auch hilfreich für Spiele, bei denen Sie unterbrochen werden könnten. So lassen sich Fesselspiele auch als Quickie machen, vielleicht sogar an Orten, an denen Sie sehr schnell wieder freikommen möchten, wie in Kinos oder Schwimmbädern.

Bei der zweiten Variante von Pseudofesselungen wird ein Seil benutzt. Der Bottom bindet sich unter Mithilfe des Top ein Ende um ein Handgelenk. Dann legt der Bottom seine Hände auf den Rücken, greift nach dem anderen Ende des Seils und wickelt sich den Rest um das andere Handgelenk. Damit ist eine Hand richtig gefesselt, während die andere leicht zu lösen ist. Sollte Ihnen das Spiel dann zu viel werden, lassen Sie einfach das Ende los. Allerdings dauert es etwas länger als bei der ersten Variante, bis Sie das Seil ganz abgelegt haben.

Diese Form der Pseudofesselung hat den Vorteil, dass Sie mehrere Spielarten ausprobieren können. Zum Beispiel die folgende: Wenn Sie ein solides Bettgestell mit einem Kopfteil aus Stangen oder Holzleisten besitzen, können Sie das freie Ende des Seils daran befestigen, bevor Sie Ihre zweite Hand einbinden. Pseudogefesselt können Sie nun (fast) die ganze Bandbreite des Bondage testen, vom liebevollen Streicheln bis zur sexuellen Peinigung. Wenn er aufhören möchte, hat der Bottom dann nicht nur das Safeword zur Verfügung, sondern er kann das Spiel selbst abbrechen.

Als Top brauchen Sie sich allerdings nicht wundern, wenn der Bottom sich so sehr in seiner Erregung verliert, dass er gar nicht mehr daran denkt, wie leicht er freikommen kann. Wenn das Spiel gut läuft, müssen Sie ihn am Ende vielleicht sogar daran erinnern. Das Gefühl, sich jederzeit aus der Fesselung lösen zu können, senkt die Experimentierschwelle erheblich. Probieren Sie ruhig eine Zeit lang mit Ihrem Partner verschiedene Varianten aus und stellen Sie sich dabei immer vor, dass Sie oder er wirklich gefesselt sind.

Doch sicher wird irgendwann der Punkt kommen, an dem Sie die Hilflosigkeit als Bottom oder die Macht als Top tatsächlich erfahren wollen. Dann wird es Zeit, sich mit den Spielzeugen und Techniken vertraut zu machen, die eine echte Fesselung ermöglichen.

Kleine Materialkunde

Genauso, wie sich ein Maler mit seinen Pinseln und Farben beschäftigen muss, bevor er ein Porträt erschaffen kann, sollten Sie die Bondage-Werkzeuge kennenlernen, bevor Sie Ihren Bottom in ein Kunstwerk verwandeln.

Handschellen

Bei SM denken viele Menschen zuerst an Handschellen. Zwar wirken sie mächtiger als ein weißes Baumwollseil, dennoch sind sie für richtige Fesselspiele nicht geeignet: Zum einen kosten gut gearbeitete Handschellen viel Geld, zum anderen sind die Ränder und Kanten selbst bei hochwertigen Modellen unnachgiebig und hart, bei billigen Modellen sogar scharf. Die Verletzungsgefahr ist damit ungleich höher als bei weicheren Materialien. Außerdem gibt es nicht wenige Geschichten über Leute, die den Schlüssel für die Handschellen verloren haben und die Polizei oder Feuerwehr um Unterstützung bei der Befreiung bitten mussten. Wenn es allerdings darum geht, den Partner zum Beispiel im Rahmen eines Rollenspiels schnell aufs Bett zu werfen und sich lustvoll an ihm zu vergehen, tun Handschellen durchaus gute Dienste. Auch als Vervollständigung eines Fetisch-Outfits sind sie gut einsetzbar. Handschellen in verschiedenen Qualitäten gibt es in jedem Waffengeschäft zu kaufen.

Seide

Vielleicht haben Sie auch schon daran gedacht, zu einem anderen vermeintlichen Klassiker zu greifen: zur Seidenkrawatte. Doch

Seide sollte niemals zum Fesseln benutzt werden, da es unglaublich schwer ist, Knoten aufzubekommen. Zwar ist der Gedanke erotisch, Seide sieht gut aus und besonders Frauen lässt schon der Gedanke an Seide auf bloßer Haut mehr als einen angenehmen Schauer über den Rücken laufen, aber oft genug endet das Spiel mit diesem Stoff damit, dass die Fesseln aufgeschnitten werden müssen. Gerne können Sie mit Seidentüchern über die nackte Haut Ihres hilflosen Partners streichen, um ihn zu erregen, aber achten Sie darauf, dass die eigentlichen Fesseln aus einem anderen Material sind.

Klettbänder

Wenn Sie möglichst wenig Fesseltechnik lernen wollen oder Ihren Partner einfach hilflos machen und vernaschen wollen, wenn die Ästhetik des Bondage Sie nicht berührt, dann können Sie ohne Weiteres mit Klettbändern arbeiten. Sie finden sie in den Bergsteigerabteilungen von Sportgeschäften oder in Baumärkten. Sind Sie gut im Nähen, können Sie auch aus Klettband und festem Stoff selbst Manschetten herstellen. Klettbänder lassen sich schnell einsetzen, unkompliziert öffnen und eignen sich damit für schnörkelloses Bondage.

Ledermanschetten

Liefern Ihnen Klettbänder zu wenig Genuss für die Sinne, können Sie auch Ledermanschetten verwenden. Sie wirken, ähnlich wie Handschellen, sehr martialisch und haben daher einen stärkeren Symbolcharakter.

Wählen Sie robuste Manschetten ohne harte Kanten aus, das Leder wird mit der Zeit etwas weicher. Solche Manschetten schützen die Handgelenke auch dann, wenn etwas kräftiger an ihnen gezerrt wird. Außerdem lassen sie sich recht schnell öffnen und können von jedem benutzt werden. An ihrer Außenseite sind meist sogenannte D-Ringe angebracht, die je nach Geschmack mit Seilen, Ketten oder Karabinerhaken an Betten oder anderen Manschetten befestigt werden können. Manschetten sollen gemein aussehen, ohne es aber zu sein. Daher empfiehlt es sich, mit Schaumstoff unterfütterte Ausführungen zu kaufen – zum Wohl der Handgelenke des Bottom.

Ledermanschetten werden in guten Sexshops oder Fetischläden verkauft. In größeren Städten gibt es zudem meistens eine Lederwerkstatt, die für die örtliche Subkultur Manschetten (und jede Menge anderer netter Dinge wie Halsbänder, Leder-Outfits und Ähnliches) nach Maß anfertigt. Der Preis für handgefertigte Manschetten kann je nach Qualität und Modell im oberen zweistelligen Euro-Bereich liegen, doch die Investition in ein aufregendes Sexleben lohnt sich, denn gut gemachte Manschetten halten auch bei ausgiebigem Gebrauch viele Jahre.

Insbesondere Paare, die feststellen, dass ihnen Love Bondage am besten gefällt, sollten sich ernsthaft überlegen, ob sie nicht das Geld für Manschetten und Karabiner ausgeben und zusätzlich Haken am Bett anbringen wollen. Für diejenigen, die Spielarten bevorzugen, bei denen es vorrangig um die Befreiung geht, sind Manschetten denkbar ungeeignet: Es ist entweder sehr leicht, sich daraus zu befreien, weil der Gefesselte an den Verschluss herankommt, oder aber unmöglich. Für einen schnellen Einstieg gibt es allerdings kaum etwas Besseres. Wer als Bottom seinen Top zu einem Spiel anregen will, ohne etwas zu sagen, kann sich einfach die Manschetten anlegen. Diesen Wink wird der Top schnell verstehen, und die eigentliche Fesselung dauert nur noch Sekunden.

Seile

Für das klassische Bondage werden üblicherweise Seile verwendet. Jemanden mit einem Seil so zu fesseln, dass er im zweifachen Sinne »sicher« ist – er kann nicht entkommen und ihm wird nichts abgeschnürt –, erfordert einige Übung, besonders wenn die Verpackung auch gut aussehen soll. Zudem dauert es etwas länger, bis eine Fesselung abgeschlossen ist: Während sich ein Klettverschluss schnell schließen lässt, braucht der Top für eine aufwändige Seilfesselung eine halbe Stunde und länger. Einige Bottoms empfinden das als Teil des Vorspiels und lieben das Gefühl, wie ihnen Stück für Stück, Schlinge für Schlinge die Freiheit genommen wird. Andere langweilt das eher, auch wenn sie das Endresultat durchaus schätzen.

Eine gelungene Seilfesselung bringt vielen Sadomasochisten mehr Befriedigung als jede andere Technik. Sie ist nicht nur sicher, sondern auch ordentlich, der Top hat nicht nur eine handwerkliche, sondern auch eine kleine künstlerische Leistung vollbracht. Klettstreifen und Manschetten kann schließlich jeder anlegen. So steigt das Ansehen eines Tops mit seiner Fähigkeit, kunstvoll mit Seilen zu fesseln. Gutes Seil-Bondage ist wie vieles andere eher eine Frage der Übung, als dass es von besonderen Talenten abhängt. Lassen Sie sich also nicht abschrecken. Sie werden sehen, dass der Umgang mit Seilen erlernbar ist.

Die wichtigsten Materialien für Seile beim Bondage sind Nylon, Baumwolle und Hanf. Sie haben verschiedene Vor- und Nachteile.

Nylonseile erhalten Sie in jedem Baumarkt oder Geschäft für Segelbedarf für wenig Geld. Sie sind vergleichsweise starr und hart, dehnen sich nicht und halten Knoten nicht gut, was aber besonders am Anfang eher gut sein kann. Dieses Material ist - abwaschbar, und die Seilenden können über einer Kerzenflamme versiegelt werden. Ein Nachteil bei Nylon ist, dass es leicht zu

Verbrennungen führt, wenn es zu schnell über die Haut gezogen wird.

Baumwollseile können Sie eher selten in Baumärkten oder Geschäften für Segler finden, meist bekommt man sie nur direkt bei einem Seiler. Sie sind deutlich hautfreundlicher als Nylon, dehnen sich unter Zug leicht und halten Knoten wesentlich besser. Baumwolle hinterlässt kaum Spuren, auch wenn sie schnell über die Haut rutscht, dafür verfärbt sich das Material aber schnell und nimmt Gerüche an. Die Seilenden müssen vernäht oder auf eine andere Art vor dem Aufribbeln geschützt werden, meist reicht ein einfacher Knoten.

Der Durchmesser sowohl von Nylon- als auch von Baumwollseilen sollte nicht unter 0,8 Zentimetern liegen, damit sie nicht einschneiden. Zudem sollte das Seil aus mehreren Strängen gewebt und nicht aus zwei oder drei Strängen verdrillt sein. Welche Länge die Seile für Bondage haben sollten, hängt von den Fähigkeiten des Top und von der Art des Spiels ab. Seile, die kürzer als zwei Meter sind, lassen sich am besten für die Fesselung an einen Bettpfosten oder für das Zusammenbinden der Hände benutzen, für alle anderen Zwecke sind sie zu kurz. Als unhandlich vor allem für Anfänger haben sich Seile mit mehr als zehn Metern Länge erwiesen. Verwenden Sie am Anfang vier Seile zu drei Metern und zwei Seile zu sieben Metern, um Bondage auszuprobieren. Wenn Sie mit diesen etwas üben, werden Sie ein Gefühl dafür entwickeln, wie lang die Seile für Ihre Zwecke sein sollten.

Neulich im Segelbedarf

Als wir mit SM anfingen, brauchten wir natürlich erst einmal eine Grundausstattung an Seilen. Man hatte uns geraten, doch in einem Laden für Segelbedarf vorbeizuschauen. Also standen wir an einem Samstagvormittag im örtlichen Fachgeschäft vor mindestens 20 Rollen mit verschiedenen Seilen in allen möglichen Dicken und Farben. Ein freundlicher Mitarbeiter kam auf uns zu und fragte, ob er uns behilflich sein könne. Mein Freund, der sich mit Bondage schon etwas mehr beschäftigt hatte, erklärte ihm, er wolle gerne geflochtenes Nylonseil, weiß, Dicke acht Millimeter, in den Längen ... da unterbrach ihn der Verkäufer. Wofür wir diese Art Seil denn bräuchten, denn seiner Erfahrung nach wäre für den normalen Gebrauch auf einem Segelschiff eher die Dicke zehn Millimeter zu empfehlen. Und wir sollten doch bedenken, dass Weiß sehr schnell schmuddelig wird und dann unschön aussieht. Er hätte wirklich schönes rotes Seil im Angebot, das auch etwas starrer wäre, ganz neues Material, viel griffiger.

Mein armer Freund kam ins Schwimmen: Nein, äh, wir bräuchten also wirklich das weiße, acht Millimeter dicke Seil. Der Verkäufer hielt uns mittlerweile wohl für die absoluten Segelanfänger und pries noch einmal die Vorteile von dickerem Seil, fragte wiederum, wofür wir denn das Seil genau bräuchten. Da mein Freund nur noch hilflos guckte, warf ich schnell ein, dass es für dekorative Zwecke sei. Der Verkäufer schaute mich ein, zwei Sekunden an, ich sah quasi, wie es in seinem Gehirn arbeitete. Dann breitete sich ein Grinsen in seinem Gesicht aus. Ja, wenn das so sei ... dann würde er natürlich auch zu Seilen mit der Dicke acht Millimeter, geflochten, weiß und schön geschmeidig raten. Zu den Längen machte er auch einige Vorschläge – aber wir könnten ja immer noch mal wiederkommen, wenn wir, nun, mehr zu dekorieren hätten. Wir nickten nur mit hochroten Köpfen und lächelten etwas gequält zurück. Während er uns das Seil mit einem Heißschneider auf das richtige Maß brachte, entwickelte sich dann aber ein recht entspanntes Gespräch über Seile und deren Pflege. Und beim Abschied wünschte er uns – natürlich – auch noch recht viel Spaß beim Dekorieren.

Hanfseile werden beim besonders stilvollen und ästhetischen Japanbondage verwendet und sind auf Bildern als grau-braune Schnüre erkennbar. Sie haben einen besonderen Geruch und erzeugen auf der Haut des Gefesselten ein ganz eigenes Gefühl. Allerdings ist der Aufwand beim richtigen Umgang mit rohen Seilen so groß, dass selbst die wenigsten Bondage-Freaks unter den Sadomasochisten sie anwenden: Diese Seile müssen abgekocht und eingeölt werden.

Unsere Empfehlung: Nehmen Sie für den Anfang Nylonseile. Sie sind billig und pflegeleicht und überall erhältlich. Außerdem lassen sich die Knoten besser lösen. Später, wenn Sie mehr Erfahrung haben und sich sicher sind, dass Sie viel Bondage machen werden, können Sie immer noch zu Baumwolle oder gar Hanf wechseln.

Das kleine ABC der Sicherheit

Beim Bondage gelten einige Grundregeln, die dazu dienen, Verletzungen des Gefesselten zu verhindern. Beide Beteiligten müssen diese Hinweise beachten, um ein sicheres Spiel zu garantieren.

Hauptgefahr bei der Seilfesselung ist das Abschnüren von Venen, Arterien oder Nerven. Wird das Gefühl im Eifer des Spiels nicht bemerkt, kann, wie bei einem eingeschlafenen Arm, das Glied taub werden. Um dies zu verhindern, achten Sie auf folgende Anzeichen: Sind Venen abgeschnürt, werden die hinter dem Seil liegenden Körperteile, zum Beispiel die Hand, bläulich, handelt es sich um Arterien, wird die Haut bleich. Wenn Nerven betroffen sind, verspürt der Gefesselte ein Ameisenkribbeln, wie es in eingeschlafenen Armen oder Beinen auftritt. Der Bottom muss daher in regelmäßigen Abständen seine Gliedmaßen bewegen, um sicherzugehen, dass sich alles gut bewegen lässt und sich nicht anders anfühlt als sonst. Die Aufgabe des Top ist es, immer wieder Rückmeldungen vom Bottom einzuholen, wie es ihm geht: Sind die Seile zu stramm gebunden? Ist seine Lage unbequem? Falls ein Fall von Abschnürung auftritt, muss der Bottom sofort aus den Fesseln befreit werden und seine Glieder bewegen. Die Pause bis zum nächsten Spiel sollte mindestens so lang sein, bis sich der Bottom wieder gut fühlt und sicher ist, dass er eine neue Fesselung erleben will.

Halten Sie für solche Situationen immer eine große, stabile Schere mit stumpfen Enden bereit: Wenn ein Problem entsteht und es schnell gehen muss, werden Sie nicht erst lange versuchen, die Knoten zu lösen, sondern einfach alles aufschneiden.

Wichtig: Um die Vorderseite des Halses dürfen niemals Seile gelegt werden. Dort verlaufen besonders empfindliche Gefäße und die Luftröhre, außerdem befinden sich hier Messstationen des Körpers für den Blutdruck, die unmittelbar auf Einwirkungen von außen reagieren können. Dieser Bereich des Körpers wird auch als »sadomasochistisches Niemandsland« bezeichnet, denn hier hat beim SM niemand etwas zu suchen.

Grundlegende Techniken

Wie bei fast allen Tätigkeiten, die irgendwo zwischen Handwerk und Kunst angesiedelt sind, macht auch beim Bondage Übung den Meister. Ein Segelschein ist nicht nötig, Bondage lässt sich nur durch Übung erlernen.

Sie können Fesselungen unterschiedlicher Art mit einem einzigen Knoten machen, zwei oder drei gehören fast schon zum Programm für Fortgeschrittene. Für Fesselungen gibt es eine Handvoll grundlegender Prinzipien, die immer wieder in verschiedenen Variationen zum Tragen kommen.

Das Wichtigste ist, dass die Seile nicht zu viel Druck auf eine zu kleine Fläche ausüben dürfen. Weniger abstrakt bedeutet dies: Wickeln Sie immer mehrere Schlingen um die Hand- oder Fußgelenke. Auf diese Weise schneiden die Seile weniger leicht ein, und die Fesselung ist gleichzeitig sicherer und bequemer. Die Schlingen sollten insbesondere bei Nylon-Seilen höchstens so eng sein, dass Sie problemlos Ihren kleinen Finger zwischen Seil und Haut schieben können.

Der Weberknoten – Ihr bester Freund

Für die folgenden Fesselungen brauchen Sie nur den Weberknoten, den Sie vielleicht schon kennen. Nehmen Sie dafür die zwei Enden des Seiles in Ihre Hände. Legen Sie das linke über das rechte Ende und stecken Sie es darunter. Nehmen Sie dieses Ende in die rechte Hand und legen Sie es jetzt über das linke Ende und stecken Sie auch dieses darunter. Wie eigentlich alles beim Bondage zeigt eine Abbildung die einzelnen Schritte besser (siehe rechte Seite).

Wichtig ist, dass die Stränge auf beiden Seiten jeweils zusammenliegen. Es darf nicht sein, dass ein Strang über und ein Strang unter den Schlaufen liegt, dann ist der Knoten falsch. Der Weberknoten hat den Vorteil, dass er besonders in Baumwollseilen gut hält, aber durch einen Zug an den Schlaufen recht einfach aufzubekommen ist. Diesen Knoten sollten Sie üben, bis Sie ihn mit verbundenen Augen beherrschen. Er sollte Ihnen so in Fleisch und Blut übergegangen sein wie das Schnürsenkelbinden. Denn wenn ein Spiel einmal begonnen hat, ist es ziemlich unerotisch, wenn der Top mittendrin überlegen muss, wie denn dieser Knoten eigentlich gemacht wird.

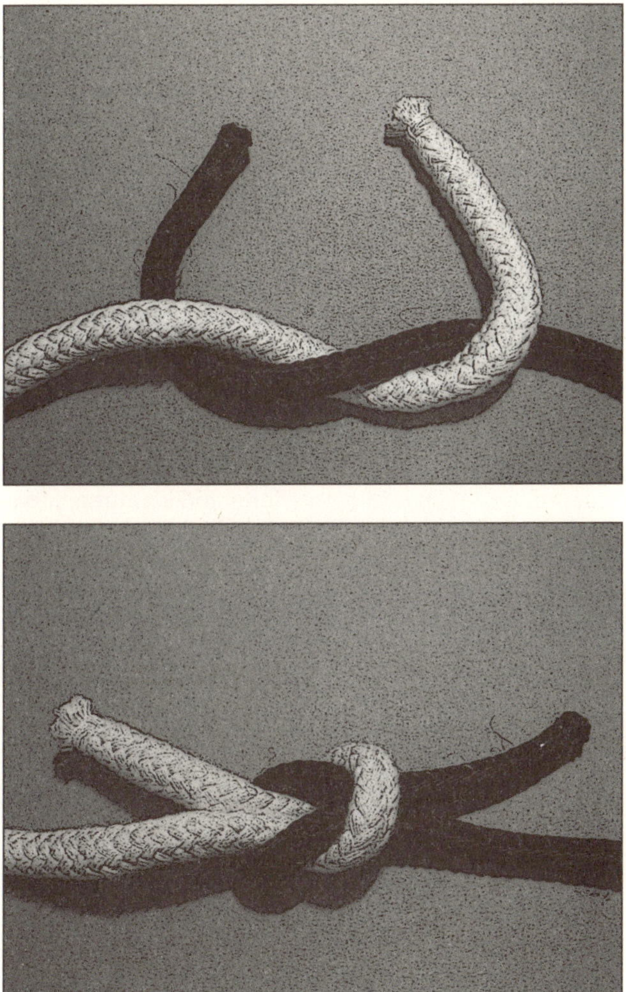

Einfach aber wirkungsvoll: Der Weberknoten

Achterfesselung

Als Erstes zeigen wir Ihnen die Achterfesselung, mit der die Hand- oder Fußgelenke aneinandergebunden werden. Dabei streckt der Bottom die Hände oder Füße parallel zueinander aus mit einem Abstand von gut einem oder zwei Zentimetern. Der Top legt die Mitte des Seils auf die Handgelenke und wickelt die Enden jeweils nach oben und nach unten um die Gelenke, bis etwa vier bis fünf Windungen entstanden sind. Dabei wird das Seil nicht fest angezogen, der Abstand zwischen den Handgelenken bleibt gleich. Die Enden werden dann auf einer Seite gegeneinandergedreht, sodass sie im rechten Winkel zu den Schlingen zwischen den Armen verlaufen. Mit zwei oder drei weiteren Windungen werden die Seile um die Handgelenke zusammengezogen – das sind die Zugschlingen. Der Knoten wird nach unten gedreht, damit der Bottom weder mit den Fingern noch mit den Zähnen drankommt. Wenn Sie jetzt die Hände von vorne betrachten, sieht die Fesselung aus wie eine Acht, daher der Name. Das Aneinanderbinden der Fußgelenke läuft genauso ab. Um dies zu üben, brauchen Sie nicht unbedingt einen Partner, sondern nur ein Minimum an Beweglichkeit: Binden Sie einfach Ihre eigenen Fußgelenke zusammen.

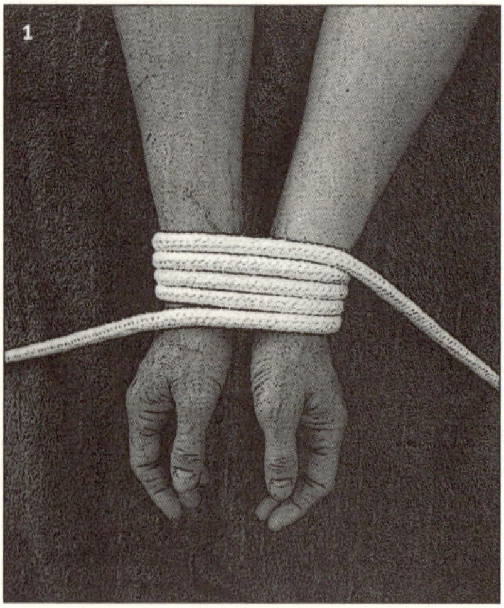

Die Achterfesselung beginnt mit mehreren lockeren Wickelungen um die Handgelenke.

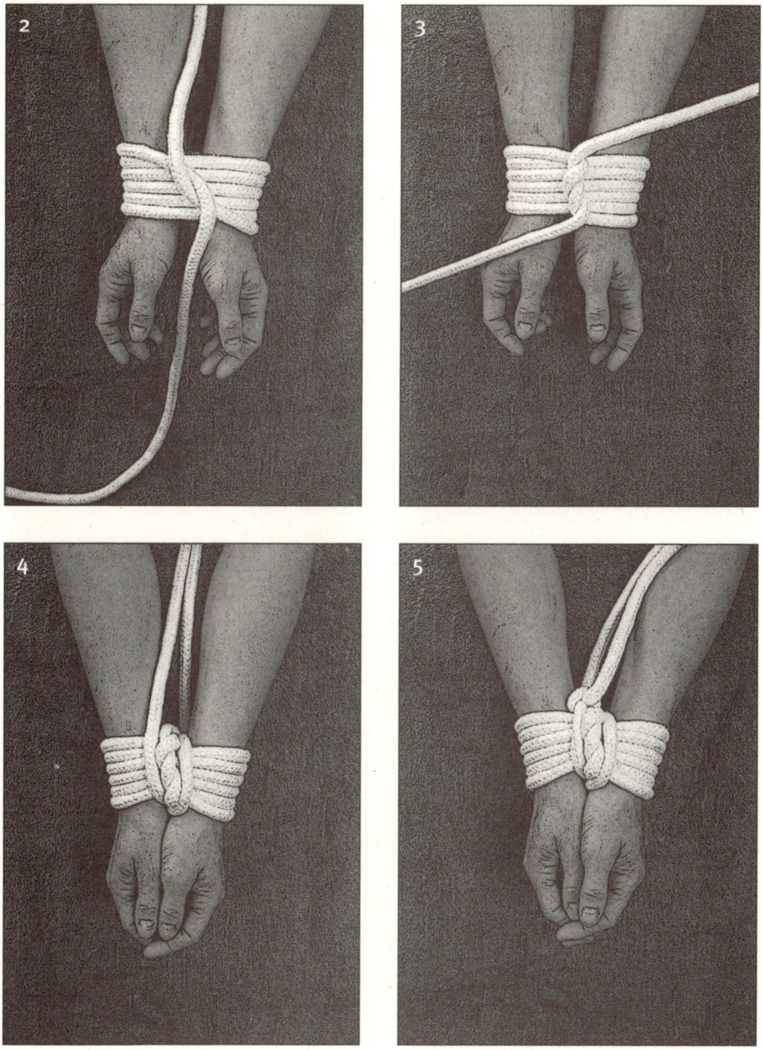

Erst durch die Zugschlingen wird die Fesselung sicher.
Der Knoten liegt unerreichbar zwischen den Unterarmen.

Die Katzenpfote

Die zweite wichtige Grundform der Fesselung ist die Katzenpfote. Sie wird benutzt, um ein Hand- oder Fußgelenk an einen Bettpfosten oder Ähnliches zu fixieren. Dazu legen Sie ein Seil in der Mitte um, nehmen dann den Mittelpunkt und falten diese Stelle auf die Seilenden zurück. Sie nehmen dann die beiden äußeren Seilstücke und ziehen sie unter den Enden in die Mitte und nach oben. Durch die beiden so entstandenen Öffnungen legen Sie die Hand oder den Fuß des Bottom und ziehen die Schlaufen an den Enden fest.

Der Vorteil der Katzenpfote liegt darin, dass sie schon nach wenig Übung anwendbar ist und durch einen Zug an dem quer verlaufenden Seilstück schnell geöffnet werden kann. Dadurch ist es möglich, während des Spiels die Enge der Schlingen zu regulieren, ohne dass erst die ganze Fesselung aufgemacht werden muss. Bei Segelfans heißt die Katzenpfote übrigens »Kurze Trompete«.

Allerdings gibt es auch einen Nachteil bei der Katzenpfote: Es liegen nur zwei Windungen auf der Haut.

Für die Katzenpfote falten wir zuerst eine einfache Schlaufe, so dass sie zwei kleinere Schlaufen ergibt.

Durch diese beiden Schlaufen stecken wir dann die Hand (oder den Fuß) und justieren den Knoten an der Seite so, dass es genau eng genug ist.

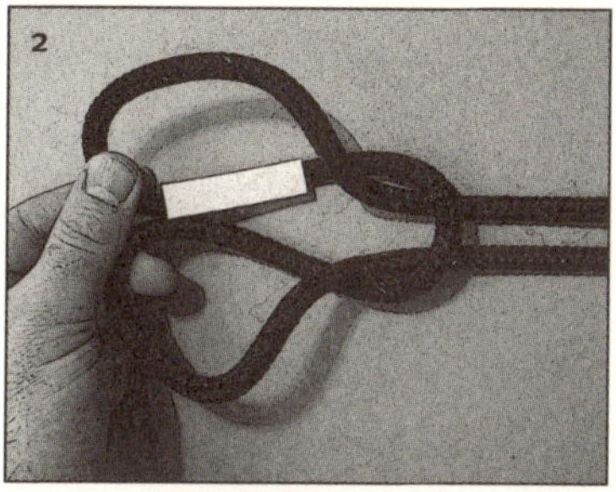

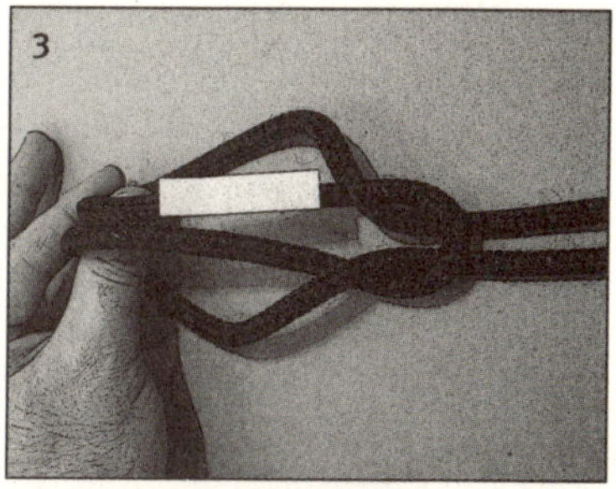

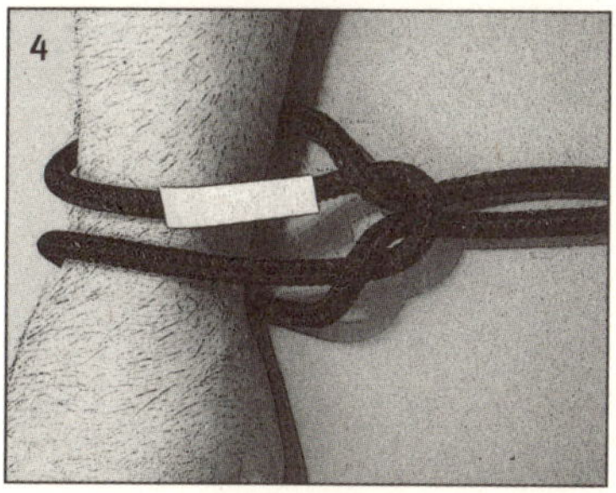

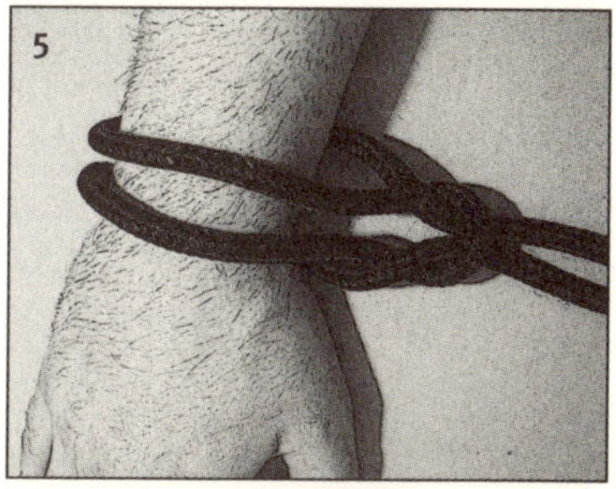

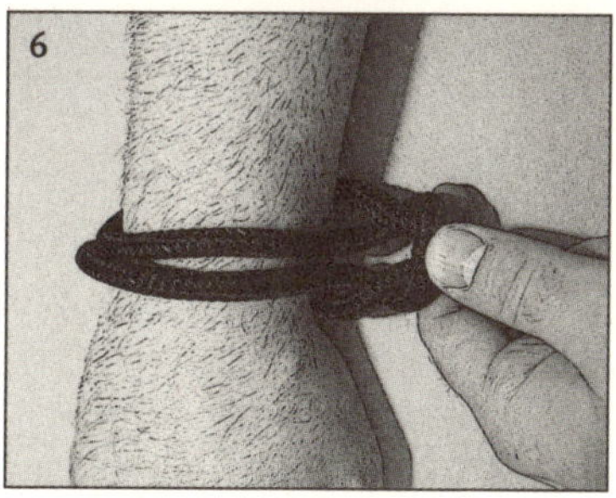

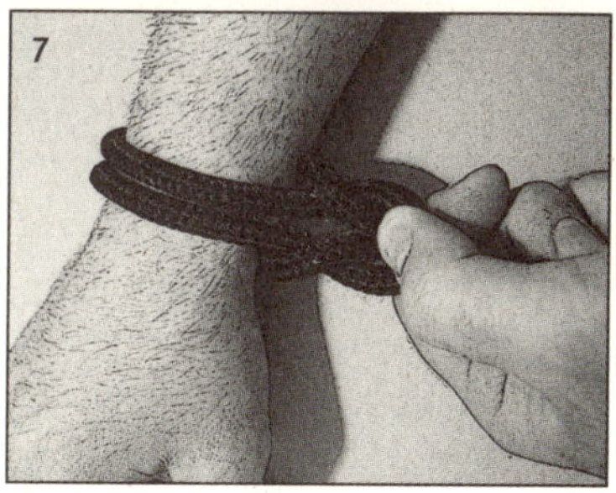

Die Seilmanschette

Die Seilmanschette ist eine Fesselmöglichkeit, bei der eine größere Anzahl von Windungen aufliegt: Nehmen Sie das Seil in der Mitte, legen Sie es an das Hand- oder Fußgelenk an und wickeln Sie die Enden jeweils drei Mal herum. Dann verdrehen Sie die Enden gegeneinander, sodass sie im rechten Winkel zum Schlingenverlauf liegen – das kennen Sie schon von der Achterfesselung. Hier werden die Enden aber jeweils gegenläufig unter die Windungen gezogen und oben wieder verknotet.

Die Seilmanschette lässt sich nicht so schnell öffnen wie die Katzenpfote und kann auch nicht reguliert werden, ohne die Fesselung selbst aufzumachen. Dafür wird der Druck auf das Handgelenk besser verteilt. Die Seilmanschette ist damit besser für Bottoms geeignet, die gerne strampeln und an ihren Fesseln ziehen. Üben Sie die Seilmanschette ebenfalls an Ihren eigenen Füßen, bevor Sie sich an Ihren Partner heranwagen.

Auch wenn Sie diese Grundtechniken üben, bis Ihre Finger wund sind, werden Sie am Anfang oft genug einen Bottom vor sich haben, der lächelnd Ihren eifrigsten Bemühungen, ihn zu fesseln, entkommt. Das ist normal: Am Anfang kann sich der Bottom fast immer aus der Fesselung lösen. Verzagen Sie als Top also nicht, sondern machen Sie mit Ihrem Partner aus dem Lernen ein Spiel: Jeder darf den anderen fesseln, und wenn der Bottom freikommt, werden die Rollen getauscht, damit der ehemalige Top für seine schlechte Fesselung angemessen bestraft werden kann. Oder machen Sie es umgekehrt: Der Bottom wird immer wieder gefesselt, bis die Knoten sitzen (oder er einfach zu müde ist, um sich noch zu wehren). Wie auch immer Sie an Bondage herangehen, nehmen Sie es nicht zu ernst. Sehen Sie diese ersten Versuche als das, was sie sind: eine weitere Investition in die vielen erregenden Stunden, die Sie als fähige Bondager mit dem Partner verbringen werden.

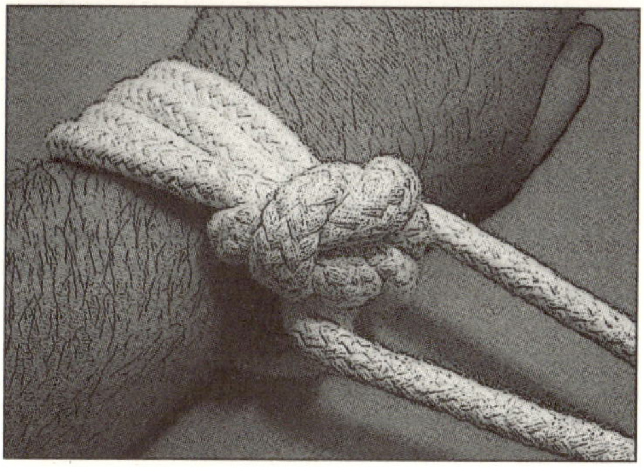

Bei den ersten Wicklungen der Seilmanschette muss man genug Platz lassen, um die Enden unter ihnen durchschieben zu können.

Der Spreadeagle

Wenn Sie die Katzenpfote oder die Seilmanschette blind beherrschen, ist es Zeit für Ihre erste richtige Fesselung: den Spreadeagle (englisch für »gespreizter Adler«), die vermutlich häufigste Bondage-Position überhaupt. Bevor Sie loslegen, prüfen Sie, ob Ihr Bett auch wirklich geeignet ist: Hat es stabile Bettpfosten oder gibt es eine andere Möglichkeit, Seile an den vier Ecken zu befestigen? Wenn nicht, müssen Sie kreativ werden: Schauen Sie, ob Sie nicht Seilschlingen um die Matratze legen können, um die anderen Seile daran zu befestigen. Eine drastischere Maßnahme könnte sein, Löcher in den Bettrahmen zu bohren, um stabile Ösen einschrauben zu können.

Und wenn Sie jetzt schon zum Bondage-Fan geworden sind, kaufen Sie sich bei nächster Gelegenheit ein Bett, bei dem Sie Ihren Partner sicher, aber bequem an das Gestell binden können. Es könnte sein, dass Sie die Einrichtungswelt sowieso schon mit ganz anderen Augen sehen und sich darüber wundern, wie wenig Sie bislang an die erotischen Eigenschaften von Möbeln gedacht haben.

Bevor Sie mit Ihrem Partner loslegen, probieren Sie, wie gut die Fesselung funktionieren wird: Binden Sie eine Katzenpfote oder eine Seilmanschette um eine Plastikflasche – sehr gut eignen sich alle taillierten Flaschen – und dann die Seilenden um die Bettpfosten oder welche Halterung Sie sonst gewählt haben. Es kann gut sein, dass Sie schon dabei merken, wie wenig Platz Sie zum Hantieren haben. Vielleicht ist auch das Seil zu kurz oder Sie stellen fest, dass Sie den Knoten anders setzen müssen. Je mehr Schwierigkeiten Sie vor dem eigentlichen Spiel abfangen, desto beeindruckter wird Ihr Bottom von Ihren Fähigkeiten sein – und umso erotischer wird schon Ihr erstes Fesselspiel. Als Goethe sagte, Genie sei Fleiß, meinte er wohl nicht unbedingt Bondage, aber dieser Spruch passt auch hier.

Wenn Sie und Ihr Partner dann die erste Fesselung gemeinsam erleben wollen, bereiten Sie alles gut vor. Auch bei diesem Beispiel gehen wir davon aus, dass zunächst Sie die Rolle des Top übernehmen: Dimmen Sie das Licht herunter (aber nicht zu weit – Sie müssen noch die Seile sehen können!) und sorgen Sie für eine angenehme, entspannte Atmosphäre. Legen Sie schöne Musik auf oder tun Sie das, was Sie sonst machen, wenn Sie mit Ihrem Partner schöne Dinge zu zweit vorhaben. Führen Sie ihn zum Bett und ziehen Sie ihn langsam aus. Geben Sie ihm dann vor, dass er sich in die Mitte des Bettes auf den Rücken legen soll, alle viere von sich gestreckt. Abhängig von Ihren gemeinsamen Vorlieben verbinden Sie ihm nun die Augen oder nicht. Die Gelenke der ausgestreckten Arme und Beine werden mit der Katzenpfote oder der Seilmanschette (oder auch mit Klettbändern oder Ledermanschetten) an die Bettpfosten gebunden. Wie stramm Sie die Bindung ziehen, hängt von den Vorlieben Ihres Bottom ab. Ist er ein Freund des Love Bondage, sollte sie mäßig stramm sein, für wüstes Toben ziemlich locker, damit Platz zum Herumzerren bleibt, und wer besonderen Wert auf körperliche Anstrengung legt, wird sehr stramm angebunden. Achten Sie darauf, dass die Schnüre von den Handgelenken zum Bettpfosten so liegen, dass der Bottom sie mit der Hand greifen kann. Das gibt ihm die Möglichkeit, den Druck von den Handgelenken abzufangen.

Fragen Sie Ihren Bottom vor dem eigentlichen Spiel immer, ob die Fesselung für ihn gut ist oder ob er schon jetzt merkt, dass sie nach einiger Zeit nicht mehr auszuhalten sein wird. Besonders am Anfang kann die Abstimmung etwas länger dauern: Der Top hat noch nicht genügend Übung und der Bottom muss erst herausfinden, was er wie gut aushält und was ihm Spaß macht. Nach einigen Spielen wird der Ablauf unkomplizierter und schneller werden – und damit haben Sie dann auch den Kopf für das eigentliche Spiel frei.

Und wie läuft nach all diesen Vorbereitungen das Spiel selbst ab? Nähern Sie sich Ihrem Partner ruhig so, als wäre es das »erste Mal«, schließlich ist es das in gewisser Weise auch. Lassen Sie sich Zeit dabei. Streicheln Sie den Körper Ihres Partners, erforschen Sie ihn mit Fingern, Lippen und Zunge. Berühren Sie ihn mit Federn, Tüchern oder Fingernägeln und geben Sie Öl auf seine Haut. Fordern Sie alle seine Sinne und sehen Sie, wie er reagiert. Lassen Sie dabei Ihre Fantasie spielen. Berühren Sie ihn zart und auch fester, lassen Sie ihn Warmes und Kühles spüren. Probieren Sie je nach Vorlieben auch eine Bürste mit sanften Borsten oder einen Vibrator aus. Vergessen Sie dabei aber nicht, immer zu überprüfen, wie das Ganze Ihrem Partner gefällt.

Kitzeln: Lieblingspraktik oder Scheidungsgrund

Wer seinen Partner auf das Bett gespannt hat und ihn vom Fußende aus bewundert, dem bieten sich zwei Stellen sehr zum Spielen an: die Fußsohlen. Wenn der Top weiß, dass sein Bottom kitzelig ist, kann die Versuchung unwiderstehlich sein, die Fingerspitzen tanzen zu lassen. Tatsächlich bringt kaum etwas einen Bottom eher dazu, sich zu winden, als Kitzeln – ein höchst angenehmes Schauspiel für den Top. Einige Bottoms lieben dieses Gefühl, weil sie jede Beherrschung dabei verlieren.

Doch ebenso gibt es Bottoms, die zwar (mehr oder weniger) widerstandslos hinausgezögerte Orgasmen, Zwicken der Brustwarzen und Genitalien, Wachs und Eiswürfel, ja sogar Züchtigungen über sich ergehen lassen, aber dem Top vor Wut die Augen auskratzen wollen, wenn er sie kitzelt. Während der Fesselung ausgekitzelt zu werden ist für sie ein Verrat, der sich auch auf das Vertrauensverhältnis auswirkt. Gehört Ihr Partner zu dieser Personengruppe, müssen Sie Ihre Finger leider bei sich behalten.

Wenn aber Kitzeln nicht verboten ist, zelebrieren Sie es ruhig. Massieren Sie erst die Füße des Bottom, streicheln Sie über andere empfindliche Stellen wie Rippen und Taille, bauen Sie die Spannung auf, bis Ihr Bottom es nicht mehr aushält und fast darum bettelt, dass Sie anfangen. Dann können Federn sehr hilfreich sein! Wenn Sie lange und geschickt kitzeln, wird Ihr Bottom einen Punkt erreichen, ab dem er bei jeder Berührung erschauert und nicht mehr weiß, ob er Männlein oder Weiblein ist. Sie haben es hoffentlich nicht vergessen und genau dann können Sie von dem Wissen Gebrauch machen.

Noch ein Tipp: Wer will, kann die Knie des Bottom mit zwei weiteren Seilen leicht nach außen ziehen. Das nimmt ihm oder ihr die Fähigkeit, das Becken stark zu bewegen, besonders für Männer ein ganz eigenes Gefühl beim Sex. Experimentieren Sie mit der Missionarsstellung (für männliche Tops) oder Reiterstellung (für weibliche Tops) und genießen Sie das Gefühl, ganz allein den Rhythmus zu bestimmen. Spüren Sie, wie die Erregung des Bottom immer weiter ansteigt, wenn Sie besonders langsam oder nur sehr flach stoßen. Finden Sie heraus, wie weit Sie den Orgasmus des Partners hinauszögern können. Steuern Sie den Bottom Schritt für Schritt zum Höhepunkt, aber behalten Sie immer die Kontrolle – wann der Partner letztendlich kommt, bestimmen Sie. Seien Sie aber auch nicht zu uneigennützig: Es soll auch Ihnen Spaß machen. Zeigen Sie Ihrem Partner immer, wie sehr Sie das Spiel als Top anmacht.

Was ist beim Spiel zu beachten?

Bei aller Erregung – der Top prüft bei jeder Art der Fesselung in regelmäßigen Abständen, ob die Durchblutung der Hände und Füße funktioniert. Dazu drückt er kurz die Hände und Füße des Bottom. Dieser wiederum »antwortet«, indem er zurückdrückt oder den Fuß kurz bewegt. Zu lange sollte der Bottom sowieso nicht in einer Stellung – egal welcher – verharren müssen. Spätestens nach einer Stunde sollte die Position geändert werden. Ja, in solchen Dimensionen können Sie ruhig denken, Bondage ist zeitaufwändig.

Für Bottoms, die zum ersten Mal gefesselt werden, gilt, dass sie nicht erwarten sollten, sich sofort völlig fallen lassen zu können. Auch wenn Sie sich selbst schon lange hilflos ausgeliefert an ein eisernes Bett gefesselt gesehen haben – die reale Situation ist neu. Viele Menschen durchlaufen eine kurze Phase der Ungläubigkeit, wenn sie feststellen, dass sie wirklich gefesselt sind und sich wirklich nicht befreien können. Einige haben für kurze Zeit Angst, wie sehr sie diese Spielart auch herbeigesehnt haben. Sollten Sie dieses Gefühl verspüren, konzentrieren Sie sich darauf, was der Partner mit Ihnen macht, und das Gefühl dürfte vorbeigehen. Sonst: Gehen Sie zunächst wieder zu Pseudofesselungen über. Bondage soll keine Mutprobe sein, sondern ein lustvolles Spiel.

Für die Dauer der ersten Fesselungen gilt die Faustregel: Sie sollten die ersten Spiele immer etwas kürzer ansetzen, als Sie es vielleicht beide wollen. Lieber hätte der Partner eigentlich noch länger spielen wollen, als dass Sie zu lange spielen.

Sind Sie am Ende angelangt, bindet der Top den Bottom langsam los. Er fängt mit den Händen an. Wenn der Bottom eine

Augenbinde trägt, kann er sie selbst abnehmen. Will der Top das für ihn tun, muss er sehr langsam und vorsichtig sein – auf keinen Fall darf er die Binde einfach abreißen. Nach längerer Dunkelheit kann auch schummeriges Licht ein Schock sein. Nehmen Sie sich dann in den Arm und kuscheln Sie, bis der Bottom wieder auf die Erde zurückgekehrt ist. Es muss Sie wirklich nicht erstaunen, wenn es nach einem heftigen Spiel Stunden dauert, bis der Alltag wieder einkehrt. Der Top kann dies einfach als Kompliment verbuchen.

Später nach dem Spiel, wenn Sie beide so weit sind, ist es an der Zeit, über Ihre Erlebnisse zu sprechen. Der Bottom sollte den Top wissen lassen, was ihm gut und was ihm gar nicht gefallen hat. Wichtig ist auch, dass beide Beteiligten über ihre Gefühle und Reaktionen sprechen. Zu einem Teil dient das als Bestätigung des Erlebten, zum größten Teil ist es aber die Vorbereitung auf das nächste Spiel: Was möchten beide ausprobieren? Was könnte zum Spiel hinzugefügt werden? Wenn Sie sich an diese Regeln halten, wird das Vertrauen zwischen Ihnen und Ihrem Partner Spiel für Spiel wachsen.

Weitere Arten der Fesselung

Viele Paare bleiben beim Spreadeagle, weil diese Stellung für sie genau das Richtige ist. Machen Sie sich also keine Gedanken, wenn Sie nicht das dringende Bedürfnis verspüren weiterzugehen. Dennoch wollen wir noch einige Anregungen geben, denn vielleicht wollen Sie andere Möglichkeiten zumindest einmal ausprobieren:

Hände auf dem Rücken

Für die Missionarsstellung ungeeignet, aber in Stellungen, bei denen der Bottom sitzt – zum Beispiel die Reiterstellung mit der Frau als Bottom – reizvoll, weil der Top mit allen Körperteilen spielen kann, ohne dass sie sich wehren kann. Um die Hände auf den Rücken zu binden, ist die Achterfesselung die beste Variante. Doch wenn der Bottom breite Schultern hat oder eher ungelenkig ist, kann er die Handgelenke über Kreuz aufeinanderlegen. Achtung: Dabei sind die Gefäße und Nerven an den Unterseiten der Handgelenke verwundbarer. Die Fesselung sollte aus diesem Grund weniger stramm sein.

Umherführen

Wer Spaß an den Umherführ-Spielen aus dem vorherigen Kapitel hat, kann diese ausbauen: Der Top lässt den Bottom mit verbundenen Augen und gefesselt durch die Wohnung tapsen, vielleicht noch mit hochhackigen Schuhen. Dabei muss der Top die Hände so halten, dass er immer sofort zugreifen kann, um den Bottom zu retten. Der Bottom wird staunen, wie sehr er mittlerweile in der Lage ist, seinem Partner zu vertrauen.

Ellenbogen zusammenbinden

Auf vielen Bondage-Fotos ist zu sehen, dass der Bottom zusätzlich zu den Handgelenken die Ellenbogen zusammengebunden hat. Die Sicherheit der Fesselung wird dadurch deutlich erhöht. Außerdem bewirkt dies bei beiden Geschlechtern, dass die Brust besser zur Geltung kommt.

Stühle

Ein stabiler Küchenstuhl hat seinen eigenen Reiz, auch wenn viele interessante Teile des Körpers damit weniger gut zugänglich sind. Je nach Art des Stuhls können die Hände des Bottom hinter der Lehne gefesselt oder an die Armstützen gebunden werden. Seine Füße lassen sich zu den hinteren Stuhlbeinen ziehen oder an die Vorderbeine binden, wodurch seine Genitalien offen vor dem Top liegen. Stühle sind besonders gut als Requisit für Verhörspiele geeignet.

Fesseln im Stehen

Sind die Räumlichkeiten entsprechend ausgestattet – mit Dachbalken oder sehr stabilen Haken in den Wänden –, kann der Bottom auch im Stehen gefesselt werden, entweder mit gespreizten Armen und Beinen oder ganz gerade. Besonders schön ist diese Variante, wenn der Top zusätzlich die Möglichkeit hat, um den Bottom herumzugehen und ihn von allen Seiten zu bewundern. Bedenken Sie, dass einige Menschen nicht lange mit den Armen über dem Kopf stehen können, anderen macht das gar nichts aus. Finden Sie gemeinsam mit Ihrem Partner heraus, was Ihnen beiden Spaß macht.

Wichtig: Bei Fesselungen im Stehen müssen Sie immer bedenken, was passiert, wenn der Bottom – eventuell durch einen heftigen Orgasmus – ohnmächtig wird oder aus anderen Gründen nicht mehr stehen kann. In einem solchen Fall muss der Bottom sofort in die Waagerechte gebracht werden, damit das Blut wieder in den Kopf fließt. Er muss also schnell loszubinden oder mit der Schere loszuschneiden sein. Die Befreiung sollte immer bei den Füßen beginnen. Sonst kann es passieren, dass der Bottom nach vorne kippt, wenn die oberen Fesseln gelöst werden. Dann muss der Top ihn festhalten, während die Füße noch festgebunden sind.

Hogtie

Eigentlich ist dies keine Praktik für Anfänger, aber da sie so häufig auf Bildern und in Filmen zu sehen ist, wollen wir sie nicht auslassen. Beim Hogtie (übersetzt etwa »Schweinefesselung«) werden jeweils die Handgelenke und die Fußgelenke des Bottom zusammengebunden. Mit einem weiteren Seil werden diese dann hinter seinem Rücken aufeinander zu gezogen, sodass die Fingerspitzen in der extremen Version die Zehenspitzen berühren.

Es gibt unterschiedliche Varianten des Hogtie, die aber alle eines gemeinsam haben: Sie sind für den ungeübten Top schwer zu fesseln und für den Bottom überaus anstrengend auszuhalten. Außerdem hat der Top kaum Spielmöglichkeiten, weil der Bottom auf den interessanten Körperteilen liegt. Bottoms, die die körperliche Herausforderung beim Bondage suchen und die Fesseln wirklich spüren wollen, lieben Hogties, während die anderen diese Art der Fesselung hauptsächlich für schrecklich unbequem halten.

Als Anfänger sollten Sie keinen Hogtie probieren. Wenn Sie neugierig darauf sind, lassen Sie sich erst von einem erfahrenen Bondager zeigen, wie das richtig geht.

Erwarten Sie nicht, dass es gleich erotisch wird, wenn Sie etwas ganz Neues und Kompliziertes zum ersten Mal ausprobieren. Betrachten Sie abgehobenere Fesselversuche zunächst als Experiment. Falls das Herumprobieren zu langweilig für den Bottom wird, können Sie ruhig den Fernseher nebenher laufen lassen. Erst dann, wenn die Fesselung einigermaßen schnell und gut gelingt, ist es Zeit ins Schlafzimmer umzuziehen und die neue Technik ins Liebesleben einzuführen. Denken Sie beim Experimentieren auch immer an die Sicherheit des Partners, der die Rolle des Bottom übernimmt: Was passiert, wenn er hinfällt? Könnte er sich verletzen oder sich an der Heizung verbrennen? Nie darf der Bottom mit dem Gesicht nach unten auf eine weiche Oberfläche gebunden werden, wenn der Top nicht direkt daneben sitzt, denn sonst droht Erstickungsgefahr. Aus ähnlichen Gründen ist die Badewanne tabu – außer natürlich, es ist kein Wasser drin.

Solange Sie die Sicherheit und das gegenseitige Vertrauen im Auge haben, sind Ihnen kaum Grenzen gesetzt. Wenn Sie das nächste Mal in einem Möbelladen sind, schauen Sie sich Sessel, Stühle, Betten, aber auch Hocker und Garderobenständer genau an: Gibt es ein Möbelstück, das Ihre Fantasie ankurbelt oder das zu Ihnen und Ihrem Partner passt? Vielleicht könnten Wohnungen mit Deckenbalken und Dachböden Ihre Vorstellungskraft beflügeln. Seien Sie sich sicher, dass sich auch Ihr Partner entsprechende Gedanken macht.

Wovon dringend abzuraten ist

Es gibt einige Dinge, die Sie nicht machen sollten, auch wenn Sie eine Menge darüber hören oder lesen. Ganz grundsätzlich sollten Sie dem Drang widerstehen, Stellungen auf SM-Bildern selbst nachzufesseln. Selbst wenn die Abbildungen nicht manipuliert wurden, handelt es sich bei den dargestellten Personen häufig um professionelle Models, die ungeheuer gelenkig sind und nur wenige Sekunden in den gezeigten Stellungen auszuhalten brauchen – lange genug eben, um das Bild zu machen. Wer ein weibliches Bondage-Model sein will, der muss zum Beispiel tatsächlich die Ellenbogen hinter dem Rücken zusammenbringen können. Hinzu kommt, dass die guten Bondage-Fotografen einen ganzen Stab von Helfern haben, die den Bottom verpacken und sofort wieder auspacken, wenn der Meister seine Bilder geschossen hat. Unter schlechten Aufnahmebedingungen lässt sich nicht mit Gewissheit sagen, dass die Models keinen Schaden genommen haben.

Was sowohl erfahrene Bondager als auch Neulinge auf gar keinen Fall machen sollten, sind Selbstfesselungen, neudeutsch »Selfbondage« genannt. Wenn Sie die Idee reizvoll finden, bitten Sie einen vertrauenswürdigen Partner um Hilfe, der im Nebenzimmer wartet und Sie auf Zuruf wieder entknotet – alles andere ist viel zu gefährlich.

Und schließlich: Tun Sie nichts gegen Ihren Willen. Wenn Sie nach einigen Versuchen feststellen, dass Sie es einfach nicht leiden können, gefesselt zu werden, stehen Sie dazu. Wer will, kann mit einem geduldigen Partner und vielen Pseudofesselungen versuchen, daran zu arbeiten, aber wenn Sie absolut nicht wollen, haben Sie den Mut, nein zu sagen. Vergessen Sie nicht, dass SM Spaß machen soll.

Wer immer noch nicht genug hat

Es kommt immer wieder vor, dass ein Bondage-Anfänger feststellt, dass er diese Spielart nicht nur als Mittel zum Sex mag, sondern auch ein Hobby daraus machen möchte. Schließlich lernt man dabei nie aus, es gibt immer neue Herausforderungen, und mit etwas Übung werden die eigenen Verschlingungen immer ästhetischer. Interessierte finden im Anhang einige Bücher zum Thema Bondage, die weitere Anregungen und Anleitungen bieten. Wer richtig Unterricht nehmen möchte, kann sich bei den meisten größeren SM-Gruppen in Deutschland informieren, die mehr oder weniger regelmäßig für kleines Geld Bondage-Seminare für Neulinge und Fortgeschrittene anbieten. Kommen Ihnen die genannten Preise sehr überteuert vor, dann lassen Sie lieber die Finger davon. Adressen hierzu finden Sie ebenfalls im Anhang. Auf den Websites kann man auch erfahren, wo Bondage-Vorführungen stattfinden. Wer den Kontakt zu Gleichgesinnten nicht scheut, wird bei solchen Anlässen natürlich andere Bondage-Fans kennenlernen, mit denen er Erfahrungen austauschen oder sogar spielen kann.

5. Das gibt Theater: Rollenspiele

»In Bezug auf Sexualität geht es nicht um die Frage ›Was will ich?‹, sondern die Frage lautet: ›Was will ich spielen?‹«

Holger Schenk in »Geheimnis, Illusion und Lust«

Grenzenlose Fantasie – davon träumt eigentlich jeder. Aber die wenigsten trauen sich, offen mit ihrem Partner darüber zu reden, vor allem, wenn es um sexuelle Vorstellungen geht. Dabei ist es ganz leicht, sich von der Fantasie treiben zu lassen und sich vorzustellen, dass man – wenn auch nur für ein paar Stunden – in einer anderen Welt lebt, in der die Bewohner sich ihre Regeln selbst aufgestellt haben. Das haben Sie sich auch schon öfters gedacht? Ja, dann machen Sie doch den Anfang.

Bühne frei!

Beginnen Sie damit, dass Sie einen Raum in der Wohnung zum »Spielzimmer« ernennen, an dessen Tür die Magie beginnt und auch endet – wenn Sie es nicht schon getan haben. Das erleichtert auf der einen Seite das Eintauchen in die gedachte Welt und hilft auf der anderen bei der Abgrenzung zur realen Welt. Vereinbaren Sie mit Ihrem Partner, dass in Ihrer Fantasiewelt alles möglich und insbesondere kein Klischee zu abgedroschen ist, als dass es nicht von Ihnen neu erfunden werden könnte – die böse Krankenschwester, der plündernde Räuber oder der despotische Chef. Denn jedes Mal, wenn Sie spielen, bringen Sie Ihre ganz persönliche Note ein, wie ein Jazz-Stück, das von jedem Musiker anders interpretiert wird. Scheuen Sie sich nicht davor, ganz in Ihrer Rolle aufzugehen. Zwar hören sich die Dialoge eines Rollenspiels für Außenstehende oft lächerlich an, aber wenn Sie selbst der Akteur sind und sich mit Haut und Haaren darauf einlassen, können Sie mittels Ihrer Fantasie Fantastisches erleben. Zugegeben, manche Idee entpuppt sich doch eher als ein Lacherfolg, aber das ist nicht weiter tragisch. Wichtig ist in erster Linie, dass Sie und Ihr Partner Neues erleben und lernen, Ihre Fantasien zu teilen und gemeinsam auszuleben.

Also, haben Sie Mut. Seien Sie der unschuldige Patient, der von der bösen Krankenschwester malträtiert wird. Genießen Sie es, die hilflose Prinzessin zu sein, die sich auf unerklärliche Weise zu dem brutalen Schurken hingezogen fühlt. Üben Sie als gestrenge Chefin Druck auf den unfähigen Praktikanten aus. Züchtigen Sie den Nachbarn, der Ihnen ständig die Zeitung aus dem Briefkasten klaut. Alles ist möglich, wenn es vorher abgesprochen ist und beiden Spaß macht. Versuchen Sie dabei, über die eigene Fantasie hinauszudenken und sich in die Ihres Partners hineinzuversetzen.

Auf die Rolle kommen

Schülerin und Lehrer: Der Schüler hat etwas Böses getan, zum Beispiel im Unterricht Kaugummi gekaut, und wird dafür von der Lehrerin gezüchtigt. In diese Kategorie fällt auch böser Junge und Gouvernante.

Chef und Sekretärin: Entweder entdeckt der despotische Chef einen Fehler, den die völlig überarbeitete Sekretärin gemacht hat, und droht mit Rauswurf, wenn sie ihm nicht willig ist. Oder die dominante Sekretärin erwischt den Chef beim Anschauen von Pornoheften und droht mit einem Aushang am schwarzen Brett, wenn er ihr nicht ausgiebigst die Füße küsst. In der heutigen Zeit gerne mit vertauschten Geschlechtern gespielt.

Diebin und Detektiv: Eine Diebin klaut Lippenstifte und wird vom Kaufhausdetektiv erwischt. Er will die Polizei holen, sie wird handzahm und bettelt um Gnade, sie will auch alles tun, was er verlangt. Diese Situation nutzt er schamlos aus.

Hure und Freier: Dieses Spiel lässt sich gut in der Öffentlichkeit beginnen, indem er sie auf der Straße anspricht und mit zu sich nach Hause nimmt. Dort angekommen, legt er ihr Geld auf den Tisch und nimmt sie dann unter demütigenden Umständen. Das kann auch umgekehrt werden, indem die Hure den Freier demütigt, da er ja für Sex bezahlen muss.

Hausherr und Zofe: Der Hausherr erwischt die Zofe, wie sie sich am Kleiderschrank seiner Frau vergeht. Das arme Hausmädchen fleht ihn an, bitte nichts der gnädigen Frau zu sagen, deren Zorn sie fürchtet. Da stellt sie sich doch lieber dem gnädigen Herrn für spezielle Dienste zur Verfügung. Wahlweise auch als Dame des Hauses und Butler, welchen sie erwischt, als er das gute Tafelsilber mitgehen lässt. Aus Angst um seinen Job ist er willens, sich ihr vollkommen zu unterwerfen.

Schwester und Patient: Die Schwester erwischt den Patienten, als er auf der Toilette raucht. Weil das nicht erlaubt ist, fixiert sie ihn auf dem Bett, piekt ihn mit spitzen Gegenständen, kühlt sein Mütchen mit Eis und testet, ob seine Potenz durch Wachs geschmälert wird – alles im Dienste der Wissenschaft, versteht sich.

Welche Personen Sie und Ihr Partner auch darstellen, welche Situationen Sie umsetzen, alles ist vorbei, wenn das Spiel zu Ende ist und die Tür des Spielzimmers wieder aufgeht. Der despotische Zugschaffner, der gerade noch von der armen Studentin ohne Fahrschein Oralsex als erhöhtes Fahrgeld verlangt hat, wird wieder zum liebenden Ehemann, der den restlichen Abend eng umschlungen mit seiner Frau kuschelt. Eine gute Art, wieder in den Alltag hineinzukommen, um nach einem Ausflug in die Welt des Punks, der es dieser Popperin mal so richtig gezeigt hat, ist der sich anschließende gemeinsame Wochenendhausputz. Tragen Sie auf gar keinen Fall, auch nicht zum Spaß, Ihre Fantasie in die Wirklichkeit, wo Sie Ihren Partner verletzen könnten – was im Zauberland passiert, bleibt auch dort.

Allerdings sind manche Gedankenspiele schon im Kopf für den Partner unmöglich, sei es, dass er schlechte Assoziationen mit einer Szene hat oder dass ihm die Vorstellung einfach zu absurd vorkommt. Auch hier gilt: Ein Nein ist ein Nein. Wählen Sie eine andere Fantasie aus – Sie haben doch genug davon, oder? – und kommen Sie irgendwann später auf das Thema zurück. Versuchen Sie sanft und ohne zu drängeln herauszufinden, worin das Problem für Ihren Partner besteht: Wenn er gerade üble Probleme mit seinem echten Chef hat, wird er verständlicherweise Schwierigkeiten damit haben, für Sie den unterwürfigen Angestellten zu spielen. Sagt der Partner auch beim zweiten Mal, dass er eine bestimmte Szene nicht spielen will, respektieren Sie seinen Wunsch und lassen Sie die Fantasie fallen.

Feine Kleider machen böse Leute

Natürlich haben Sie so viel Fantasie, dass Sie eigentlich keine Kostüme brauchen. Aber vielleicht macht es Ihnen einfach Spaß, sich zu verkleiden und schon während des Umziehens mehr und mehr in die neue Rolle zu schlüpfen. Je nachdem, welche Person Sie werden möchten, gibt es die verschiedensten Möglichkeiten, an Kostüme zu kommen. Wollen Sie eine Zeitreise unternehmen, sind mittelalterliche Märkte oder Gothic-Shops ein lohnendes Ziel, denn dort gibt es von wallenden Gewändern bis hin zu kompletten Ritterrüstungen alles. Selbst wenn diese zu teuer sind, Anregungen finden Sie allemal. Für alle, deren Ideen eher berufsbezogen sind: In jeder größeren Stadt gibt es Läden für Berufskleidung. Ein Besuch lohnt sich für alle Hobby-Zofen und Freizeit-Stahlarbeiter, da viele Sachen nicht so teuer sind. Sie können sich schon im Laden ausmalen, wie der schwitzende Bauarbeiter, der der falschen Frau hinterhergepfiffen hat und nun selbst zum Sex-Objekt wird, mit seinem Helm und einer weißen Latzhose aussehen wird.

Wenn Sie etwas Exotischeres brauchen – vielleicht ein Nonnenkostüm? –, sollten Sie sich während der Karnevalszeit eindecken. Dann gibt es in ganz normalen Supermärkten die herrlichsten Kostüme. In den Karnevalshochburgen gibt es Kostümgeschäfte, die das ganze Jahr geöffnet haben.

Wenn Sie ganz exklusive Wünsche haben, besuchen Sie am besten gleich einen Kostümverleih, dort bleibt praktisch kein Wunsch unerfüllt. Meistens können Sie die Kostüme auch kaufen, und beim Stöbern werden Ideen für Spiele entstehen, auf die Sie vielleicht sonst nie gekommen wären.

Als eine etwas günstigere Möglichkeit, aber auch mit etwas eingeschränkter Auswahl, bietet sich der Kostümfundus des örtlichen Schauspielhauses an. Oft wird hier einmal jährlich ein Kostüm- und Requisitenverkauf veranstaltet. Außerdem können Sie sich auf Flohmärkten und bei Online-Auktionen umschauen. Auch hier gilt: Es gibt nichts, das es nicht gibt, und bei einigen Angeboten ist ziemlich klar, dass der Verkäufer ähnliche Gedanken hatte wie Sie als potenzieller Käufer.

Vielleicht gehören Sie aber auch zu den Leuten, die Kleidung nicht als Teil ihrer Fantasie sehen, sondern als erotischen Selbstzweck. Dann dürfen Sie sich zu den Fetischisten zählen: Der Geruch von Leder, das Gefühl von Gummi, der Anblick von Latex ist für manche Leute zunächst zu nah am SM-Klischee, um erträglich zu sein. Ihnen wird aber doch irgendwie klar, dass Sie diese Materialien reizvoll finden? Sollte es Ihnen so ergehen, vergessen Sie niemals, dass Sie sich mit Ihrer ganz eigenen Fantasie beschäftigen und dass Ihnen nichts peinlich sein muss. Es spricht nichts dagegen, dass Sie und Ihr Partner sich von Kopf bis Fuß in Leder schmeißen, ins Schlafzimmer gehen und Sadomasochisten spielen.

Wenn Sie möchten, können Sie noch einen Schritt weiter gehen und Ihre Szenen für den späteren Gebrauch oder aber den spontanen Kick filmen. Was früher wegen der schlechten Qualität der Geräte oder aufgrund der hohen Preise für gute Technik meist mit einem Lacherfolg endete oder ein Studium der Filmwissenschaften erforderte, ist heute mithilfe von digitalen Videokameras und günstiger Schneidesoftware für den Computer erstaunlich einfach geworden. Setzen Sie sich mit Ihrem Partner zusammen und tauschen Sie Ideen für eine Story aus, die Story, die Sie schon immer mal sehen wollten, aber niemand für Sie filmen wird.

Plündern Sie nicht nur Ihre Fantasie, sondern auch gleich Ihre Kleiderkammer. Und dann geht's los: Filmen Sie die Meisterdiebin, die sich des schlafenden Wächters bemächtigt – eine geniale Idee des Museums, den Diamanten gerade in Ihrer Wohnung zu verstecken! – oder den aufgeweckten Kommissar, der ihren Plan durchschaut hat und ihr eine Falle stellt. Auch wenn es nicht für den Frosch mit der Maske reicht, können Sie sich ja eine Strumpfhose über das Gesicht ziehen. Da Sie den Film (vermutlich) niemandem zeigen und schon gar nicht in die Kinos bringen wollen, können Sie so freizügig oder pornografisch sein, wie Sie möchten – es soll nur Ihnen und Ihrem Partner gefallen, nicht dem Massenmarkt oder der Bundesprüfstelle für jugendgefährdende Medien.

Erwarten Sie allerdings nicht, dass der Akt des Filmens an sich erotisch sein wird, denn meist ist der Kameramann beziehungsweise die Kamerafrau zu sehr damit beschäftigt, alle Geräte einzustellen, oder das Licht zu regeln. Vielleicht müssen Sie eine Einstellung auch drei- oder viermal wiederholen, besonders wenn Sie einfach nicht aufhören können zu lachen. Wer aber neben Mut und Lust an dem eigenen Schaffensdrang etwas Hartnäckigkeit mitbringt, kann sich eine Soap der etwas anderen Art schaffen und hat noch Jahre später einen flimmernden Beweis für die eigene Spiellust.

Wenn die Fantasie Angst macht

Es gibt Fantasien, bei denen einem selbst unheimlich wird, und zwar nicht nur im Sinne von »ein braves Mädchen (respektive ein echter Mann) denkt so etwas noch nicht mal«, verbunden mit einem wohligen Schauer, der einem über den Rücken läuft. Es gibt Gedankenspiele, die so negativ besetzt sind, dass man sie am liebsten gar nicht zugeben möchte, weder vor sich selbst und noch viel weniger vor dem Partner.

Viele Deutsche haben zum Beispiel enorme Probleme mit Militärfantasien, die sich zwar einerseits direkt auf ihre Lenden auswirken, andererseits für einige zu sehr mit den schlimmen Ereignissen der deutschen Geschichte verbunden sind, auch wenn es sich bei den Uniformen um die der Bundeswehr und nicht der Wehrmacht handelt. Allerdings kennt die Lust leider keine politischen Grenzen, selbst eingefleischte Pazifisten kämpfen schon mal mit ihrer Libido. In anderen Ländern sieht man das lockerer: Amerikanische und britische Sadomasochisten haben eigene Subkulturen, in denen die militärische Grundausbildung nachgespielt wird. Wenn Ihre lebenslange politische Einstellung Ihren Fantasien allerdings unumstößlich im Wege steht, versuchen Sie mal, ob Sie auf ähnliche, leichter zu verdauende Szenarien umsteigen können. Es muss vielleicht nicht immer eine militärische Uniform sein. Weichen Sie auf andere autoritär wirkende Bekleidung aus, wenn Sie das erregt. Männer im korrekt sitzenden Anzug mit Krawatte oder Frauen in Reitkleidung können eine ähnliche Wirkung ausüben, und Sie kommen mit sich selbst nicht ins Unreine. Vielleicht brauchen Sie auch nicht die militärische Grundausbildung nachzuspielen, um einen Kick zu bekommen. Probieren Sie aus, ob Ihnen die Leibesertüchtigung auf einem Gefängnishof oder das erste Semester für Sportstudenten als Anregung für ein Spiel ausreicht. Tun Sie auf keinen Fall etwas gegen Ihre Überzeugungen, ein solches Spiel wird auf lange Sicht sicher nicht gut enden.

Besonders problematisch: Vergewaltigungsfantasien. Viele Frauen träumen davon, von einem dunklen Fremden überwältigt und genommen zu werden – auch wenn sie in der Realität ganz bestimmt nicht das Opfer eines solchen Verbrechens werden wollen. Es gibt kaum einen anderen Punkt beim SM, wo die Begeisterung für das Spiel bei den Aktiven deutlicher mit Abscheu für die Realität gepaart wird. Dies gilt übrigens nicht nur für den passiven Teil: Es gibt Männer, denen als Top in einem Überwältigungsspiel die Idee kommt, sie würden gerade real eine Frau vergewaltigen. Auch sie kommen mit dieser Spielart häufig nicht zurecht.

Bei diesen und anderen problematischen Fantasien gilt: Vorsicht walten lassen. Sie können durchaus probieren, auch für Sie persönlich grenzwertige Vorstellungen zu realisieren, wenn Sie Ihrem Partner vertrauen und beide wissen, welch ein schwieriges Terrain sie betreten. Ein solches Erlebnis kann sehr befriedigend sein, da es meist sehr intensiv ist und die Partner noch stärker zusammenbringt.

Auf der anderen Seite gibt es sicher Fantasien, die einfach nicht realisiert werden sollten. Zwar gilt die Grundregel, dass es nichts gibt, was zu schräg oder abgefahren wäre, als dass man es nicht ausprobieren könnte. Doch die Entscheidung darüber liegt immer bei Ihnen, verlassen Sie sich dabei ganz auf sich selbst. Zudem sollte auch bei Rollenspielen vorab immer ein Safeword vereinbart werden. Spricht einer der Partner es aus, gilt das Gleiche wie zuvor: Spiel abbrechen, den Partner in den Arm nehmen und ihm und sich klarmachen, dass alles nur ein Spiel war, das nichts mit der Realität zu tun hat.

Loses Mundwerk

Fast jeder Dialog, der während des Sex abläuft, klingt für Unbeteiligte ziemlich lächerlich. Daher braucht man schon eine gewisse Grundstimmung, um sich einen 08/15-Porno mit Vanillesex anzuschauen. Mit klischeehaften Formulierungen, wie dem legendären »Ja, gib's mir, du Hengst« beim Vanille-Sex oder der nicht viel besseren SM-Variante »Ich war ein böser Junge, bestrafe mich!«, gewinnt man jedenfalls keine Lyrik-Preise. Nur: Einige Leute machen solche Sätze im Spiel ungeheuer an, auch wenn es ihnen zutiefst peinlich ist. Finden Sie Verbalerotik reizvoll, denken Sie besser nicht darüber nach, wie sich »Ich bin deine Sklavin, mach mit mir, was du willst« anhört, wenn Sie gerade vor dem Gemüseregal im Supermarkt stehen. Probieren Sie stattdessen genau den gleichen Satz aus, wenn Sie tatsächlich nackt, mit verbundenen Augen, durch Seile hilflos gemacht im Bett liegen. Die Umgebung, die Situation und nicht zuletzt die Atmosphäre können aus einem bei Tageslicht noch so dümmlich wirkenden Satz einen absoluten Knaller machen – wenn es nur genau der richtige ist.

Erregung in Worten

Zwar ist es nicht ganz einfach, solche sogenannten Obszönitäten mal eben ins Spiel einzubauen, aber es gibt erprobte Möglichkeiten. Sprechen Sie und Ihr Partner sich auf jeden Fall vorher ab. Stellen Sie sich vor, was gut in seine Fantasie hineinpassen würde, während er sie erzählt und umgekehrt. Wenn Ihre Partnerin zum Beispiel eine Prostituierte ist, die Sie von der Straße aufgelesen haben, ist »Würden Sie bitte so freundlich sein, mein Glied in den Mund zu nehmen?« vermutlich deutlich weniger angebracht als »Maul auf, Schlampe!«. Soll die Fantasie hingegen im England zu Zeiten Königin Victorias spielen, kann es genau andersherum sein.

Was Prostituierte und Freier in Wirklichkeit zueinander sagen mögen, ist dabei völlig unwichtig. Lassen Sie sich Ihre Fantasien nicht durch zu viel Hintergrundwissen oder einen übertriebenen Hang zur Realitätsnähe verderben. Das Spiel soll nicht dokumentarisch sein, sondern Ihnen beiden Spaß und Lust bringen.

Wenn Sie zumindest eine grobe Ahnung davon haben, was Ihrem Partner gefallen könnte, sprechen Sie es einfach aus und achten Sie dabei auf seine Reaktion, die durchaus heftig ausfallen kann. Es ist schon vorgekommen, dass ein einziges Wort ausgereicht hat, um jemanden in nie gekannte Sphären zu heben. Allerdings, und das ist die Krux dabei, kann dies auch zu unfreiwilliger Komik führen, etwa wenn der Partner überhaupt nichts mit der Wortwahl anfangen kann. Da hilft nur mitlachen, Pause machen und noch einmal von vorne beginnen. Aber zumindest ist dann ein Anfang gemacht – Sie wissen jetzt, was Sie nicht sagen sollten –, und mit etwas Erfahrung und Einfühlungsvermögen kommen Sie früher oder später dahinter, wie Sie dem

Partner allein mit Worten den Schweiß auf die Stirn und das Blut in die Genitalien treiben.

Viele Rollenspieler reagieren auf einzelne Worte, die bei ihnen etwas Besonderes auslösen. Das können auch Schimpfwörter sein, die eine Person noch nie zuvor in den Mund genommen hat –, von »Schlampe« über »Sau« bis hin zu »Sklave« ist alles möglich. Möchte Ihr Partner aber ein ganz besonderes Wort hören, wird alles Raten nichts nützen: Er wird es Ihnen irgendwann einfach sagen müssen. Und Sie kommen mit Schweigen in dieser Hinsicht auch nicht weiter.

Geschichtenerzähler

Eine andere und schöne Möglichkeit, Verbalerotik zu kultivieren, besteht darin, zusammenhängende Geschichten zu erfinden. Erotische Gedanken lassen sich leicht in der dritten Person erzählen: »Der Entführte wachte in einem dunklen Kellerverlies auf, er war nackt an die Wand gekettet und wurde mit *Ah, das Schwein wacht auf* angeherrscht.« Das kann außerhalb eines Spiels erzählt werden, beim Kuscheln etwa, aber auch, wenn der männliche Partner tatsächlich nackt und gefesselt auf der Erde vor seiner Herrin liegt. Das ist nur im ersten Augenblick seltsam, denn, wenn die Entführerin erst mal weiß, was ihr Partner hören und erleben möchte, kann sie die Szene weiterspinnen – sofern er es schafft, den Anfang zu machen. Und ehe Sie sich versehen, stehen Sie mitten im verbalerotischen Dialog. Sollte Ihnen bei den ersten paar Malen irgendetwas befremdlich erscheinen, dann machen Sie sich klar: Es ist völlig egal, ob Sie dunkle Shakespeare-Verse zitieren oder übelste Fäkalsprache über den anderen ausschütten – wichtig ist nur, dass beide Partner es in genau dieser Situation gut und erotisch finden – und nicht, wie es auf nicht vorhandene Außenstehende wirkt.

Verbale Tretminen

Bei aller Fantasie – es gibt Wörter, die Sie zumindest bei den ersten verbalerotischen Spielen lieber vermeiden sollten, da sie eine Assoziation mit dem ganz normalen Alltag oder sexuellen Vorleben zumindest nahelegen.

No-Nos für Frauen

Schlappschwanz. *Fast jeder Mann hat in seiner sexuellen Vergangenheit diesen Ausdruck schon einmal gehört und ihn ganz und gar nicht erotisch gefunden. Bei den meisten war dies mit einer kurzzeitigen Impotenz und einer sehr unsensiblen Dame verbunden. Auch* ***Versager*** *gehört in diese Kategorie.*

Ist der klein! *Für Männer, vor allem für diejenigen, deren Geschlechtsteil nicht gerade Gardemaß hat, sowieso schon ein Trauma. Also keine Äußerungen über Größe, Form und Farbe.* ***Wie sieht der denn aus?*** *ist genauso verboten.*

No-Nos für Männer

Schlampe. *Unter Umständen eine sehr wirkungsvolle Bezeichnung. Allerdings sollte vorher genau abgeklärt werden, ob nicht doch ein schlechtes Erlebnis ein erotisches Empfinden dieses Wortes unmöglich macht. Fällt in eine Kategorie mit* ***Hure*** *oder* ***Nutte.***

Du dicke / fette … *Frauen auf ihre Figur anzusprechen ist immer sehr diffizil. Wenn man es nicht ausdrücklich abgesprochen hat, sollte man alle Attribute, die die Figur betreffen, weiträumig umgehen.*

Mach die Beine breit. *Erstaunlich viele Frauen haben ein wirklich übles sexuelles Erlebnis gehabt, bei dem dieser Satz gefallen ist. Also besser nur nach Absprache gebrauchen.*

No-Nos für Frauen und Männer

Vergleiche, *womöglich gar mit Ex-Freunden oder anderen Bekannten, sollten komplett tabu sein. Sex, egal welcher Art, läuft außer Konkurrenz. Da haben Dritte nichts zu suchen, es sei denn, sie sind explizit eingeladen.*

Gelächter. *Lachen beim Sex ist okay. Auch beim härteren Sex. Auslachen hingegen ist im schlechten Sinn verachtend und hat somit im Bett nichts zu suchen.*

Wer nicht darüber sprechen kann, der schreibt

Wenn Ihnen oder Ihrem Partner das Sprechen in diesem Bereich gar nicht liegt, können Sie Ihre Fantasien auch aufschreiben und mit vielen, vielen Dialogen spicken. Jede Wette, dass der Empfänger den Text verschlingt und die eine oder andere Passage ins nächste Spiel einbaut. Verwenden Sie dabei ruhig die Briefform, schreiben Sie jede Woche eine Seite. Übrigens eignen sich verbale Rollenspiele auch gut, um eine längere Trennungsphase zu überbrücken, sei es nun mithilfe des guten alten Telefonsex oder kleiner Geschichten, die Sie sich per E-Mail schicken.

Erregung in der Öffentlichkeit ohne Ärgernis

Vielen Paaren gibt es einen Extra-Kick, draußen zu spielen, außerhalb der eigenen vier Wände, in der Öffentlichkeit. Das bedeutet nun nicht, dass Sie jeden Fremden mit Ihren privaten Vorlieben konfrontieren müssen. Im Gegenteil, viel mehr Spaß macht das Heimliche: Ich weiß, dass du heute mein Sklave bist, du weißt es, aber der nette Kellner da weiß es nicht. Oder ahnt er vielleicht doch etwas? Mit diesem unsicheren Gefühl lässt sich hervorragend spielen.

Um ein solches Vorhaben noch »echter« zu gestalten, fangen Sie schon zu Hause an, indem der aktive Partner Anweisungen zur Kleidung gibt: keine Unterwäsche unter dem luftigen Kleid oder ein Halsband unter dem Rollkragenpullover, einen extremen Push-up-BH bei einem tiefen Ausschnitt, einen Metallring, der um die Hoden oder die Peniswurzel gelegt wird. Was auch immer Sie sich ausdenken, es sollte den Träger ständig an seine Rolle in diesem Spiel erinnern. Kleine, aber spitze Kommentare des Top sorgen ebenfalls dafür. Eine weitere kleine Bösartigkeit lässt sich durch die Anrede einführen: Wenn kein anderer zuhört, muss der Top mit »Herrin« oder »Sir« angesprochen werden. Denkbar ist auch ein absolutes Sprechverbot für den Bottom. Da dies auf Dauer etwas langweilig werden kann, funktioniert ein Sprechverbot gegenüber anderen Leuten oft besser. So kann in einer Cocktail-Bar zum Beispiel folgende prickelnd-peinliche Situation für den Bottom entstehen. Der Top bestellt beim Bartender mit einem süffisanten Lächeln: »Also, ich hätte gerne einen Champagner-Cocktail und für den Herrn bitte ein Wasser.« Der Mixer wird sich vielleicht ein wenig wundern, aber dem kommen mit Sicherheit noch ganz andere Dinge unter. Dem Bottom jedoch wird heiß und kalt werden, wahrscheinlich bekommt er eine sehr gesunde Gesichtsfarbe.

Eine andere Variante: Nehmen Sie Ihren männlichen Bottom mit ins Kino, setzen Sie sich in eine der hinteren Reihen, wo Sie nicht dauernd wegen nachrückender Besucher aufstehen müssen, und sorgen Sie dafür, dass er seine Hände mit einem Stoffring hinter dem Rücken fixiert. Nun legen Sie Ihre Jacke über seinen Schoß, öffnen seine Hose und holen sein Glied heraus. Lassen Sie es dann während des gesamten Films offen, aber versteckt draußen liegen. Sie sollten natürlich regelmäßig überprüfen, ob es dem guten Stück auch gut geht. Wundern Sie sich nicht, wenn Ihr Partner nicht wirklich weiß, worum es in dem eben zu Ende gegangenen Film ging.

Sehr schön kann man auch in einem Museum spielen: Der Bottom legt locker die Hände auf den Rücken und wird spielerisch leicht vom Top am Hals von Exponat zu Exponat geführt und muss dort so lange verweilen, wie der Top es möchte. Oder er wird vor einem bestimmten Bild eine viertel Stunde lang »abgestellt«.

Auch nett ist ein geplanter Wochenendtrip: Der Bottom gibt Geld und Kreditkarte beim Top ab und begibt sich so ganz in die Hände des Partners, der dann unter anderem die zu besuchenden Museen, Restaurants und Sehenswürdigkeiten bestimmt.

Am Busen von Mutter Natur

Sie brauchen sich allerdings nicht auf Erlebnisse in Gebäuden zu beschränken – die freie Natur bietet Ihnen eine Fülle von Möglichkeiten. Wer klein anfangen will, kann seinen Partner dazu verdonnern, dass er bei einem Spaziergang einen langen Mantel, Socken und Schuhe trägt, darunter aber splitterfasernackt bleibt. Das gleiche Spiel lässt sich mit Fetisch-Kleidung oder sogar Fesselungen spielen. Besonders im letzteren Fall sind Ponchos nützlicher als Mäntel, denn mit diesen lassen sich die verräterischen Seile besser verdecken. Wenn feste Knoten zu viel Nervenkitzel mit sich bringen, greifen Sie auf eine der Pseudofesselungen zurück.

Selbst Schwimmbäder können Sie für heimliche SM-Spiele erschließen: Eine kleine, durchsichtige Plastiktüte, wie sie für Tiefgefrorenes benutzt wird, hilft dabei. Schneiden Sie (noch an Land) den Boden aus und raffen Sie die Seiten so, dass Sie einen Ring haben. Diesen können Sie dann in Ihrer Badehose oder Ihrem Badeanzug versteckt mit ins Wasser nehmen und dort anlegen: Zumindest von Land aus wird keiner sehen können, warum Ihr Bottom dauernd die Hände auf dem Rücken hält. Und wenn man Sie doch erwischt, sagen Sie einfach, Sie hätten diese Tüte gefunden und wollten sie in den Müll tun – was Sie natürlich am Ende wirklich tun sollten.

Bei all diesen Spielvarianten sollten Sie eines aber unbedingt vermeiden: Binden Sie andere Menschen ohne deren Einverständnis nicht zu offen ein. Sicherlich mag es für Sie einen gewissen Kick bedeuten, der Dame vom Nebentisch, die nur nach Feuer gefragt hat, zu erklären: »Aber das macht mein Sklave doch gerne.« Das ist für einen Außenstehenden bestenfalls befremdlich.

Zwar brauchen Sie sich wegen Ihrer Spiele nicht zu schämen, aber Sie müssen sich damit auch niemandem aufdrängen. Sie würden es ja auch nicht besonders aufregend finden, dem lauten, dicken Herrn mit seiner zickigen Frau drei Tische weiter bei oralem Verkehr unter der Tischdecke zuzuschauen.

Ein Abendessen der besonderen Art

»Bist du so weit?« Mein Bottom verstand zwar nicht, warum er bei 20 Grad Celsius für ein Essen beim Chinesen einen Rollkragenpullover anziehen sollte, aber das war ihm egal, weil er Hunger hatte. Ich lächelte ihn aufmunternd an und zog ein Halsband und Manschetten aus meiner Tasche. »Leg' die um!« – »Wie bitte?« Es kam zu einer Diskussion, an deren Ende er sich etwas widerwillig mit den Accessoires ausstattete. Obwohl er auf dem Weg zum Restaurant vor sich hin grummelte, war klar, wie aufregend er dieses Spiel fand. Im Lokal angekommen zupfte er dauernd an seinem Pullover herum, was natürlich auffälliger war, als das unter dem Kragen versteckte Halsband es jemals hätte sein können. Der Kellner brachte die Karte, etwas später bestellte ich: »Ich hätte gerne das Shanghai-Huhn und einen Jasmintee. Und für den Herrn bitte Schweinefleisch süßsauer und ein Wasser. Und könnten wir beide bitte Stäbchen haben?« Der Kellner ließ sich nichts anmerken. Mein Gegenüber dagegen schnappte heftig nach Luft. »Ich kann nicht mit Stäbchen essen!« – »Eben, wird Zeit, dass du es lernst.« Bis das Essen kam, sprachen wir über die Dinge, die ich als Top machen durfte, und ein sehr genauer Gradmesser unter dem Tisch zeigte mir, dass er es geil fand. Als er dann vor seiner Schüssel saß, fragte er nicht nach einem Löffel, sondern versuchte brav, Reiskorn für Reiskorn sein Essen auf die Stäbchen zu bekommen.

Nach einer Viertelstunde erlaubte ich es ihm, den Löffel zu benutzen. Schließlich mussten wir ja noch irgendwann nach Hause, um meine anderen Pläne zu verwirklichen ...

KEUSCHHEITSSPIELE

Welche Frau kennt ihn nicht, den ältesten Orgasmusspruch der Welt? »Es gibt nur ein Geschlecht, das einen Orgasmus vortäuschen kann, und nur eines, das es muss«, meist gefolgt von dreckigem Gelächter aus männlichen Kehlen. Dahinter verbirgt sich die vermeintliche Gewissheit, dass ein richtiger Mann immer und überall kann und sich sein angeborenes, quasi verfassungsmäßig geschütztes Recht auf einen Orgasmus niemals nehmen lassen wird. Es soll sogar solche Exemplare geben, die unwissenden Freundinnen im Teenageralter erzählen, dass ein Mann kommen müsse, wenn er einen Steifen hat, da sich sonst ernsthafte gesundheitliche Probleme bis hin zur Impotenz ergeben könnten, von den psychischen Schäden ganz zu schweigen. Um mit diesem Unsinn aufzuräumen, sei deutlich gesagt: Es geht auch ohne und es macht sogar Spaß – nicht nur den Frauen, sondern häufig auch den Männern.

Die Lust bei Keuschheitsspielen kann aus verschiedenen Quellen stammen. Eine davon ergibt sich aus der Rollenverteilung und heißt Macht. Was ist schöner, als einem Mann den sonst so selbstverständlichen Orgasmus zu verwehren, während er die Frau zum Höhepunkt bringen muss? Viele Frauen werden diese Handlung als Umkehrung gängiger Praktiken sehen – und es lieben.

Richtig interessant wird es aber, wenn die Begleiterscheinungen auftreten: Die Erfahrung zeigt, dass Männer, die auf Orgasmusentzug sind, sehr kuschelig werden. Sie schmusen, räumen auf, werden romantisch, zeigen sich aufmerksam und bringen Blumen mit nach Hause. Das alles natürlich nur mit dem Ziel, endlich wieder einmal einen Orgasmus erleben zu dürfen. Zwar gilt weiterhin, dass man einen Mann nicht umprogrammieren kann, aber dennoch lassen sich seine Verhaltensmuster, zumindest zeitweise, in andere Bahnen lenken.

Für Männer besteht der Kick eines solchen Entzugs nicht nur in der ständigen sexuellen Spannung und dem Gefühl, von der Frau beherrscht zu werden. Hinzu kommt, dass die Erlösung, wenn sie dann ansteht, in Form einer explosionsartigen Entladung geschieht, für die sich die Opfer der vorangegangenen Tage, Wochen oder vielleicht sogar Monate lohnen. Einige Männer verstehen ihre Keuschheit auch als Geschenk an ihre Partnerin. Wie weit Sie mit ihren Keuschheitsspielen gehen wollen, bleibt natürlich Ihnen überlassen, aber es lohnt sich, in diese Richtung zu experimentieren.

Kommen verboten

Keuschheitsspiele lassen sich in unterschiedlichen Formen umsetzen. Planen Sie und Ihr Partner dafür einen Abend ein, bietet sich folgende Spielart an: Die Frau fesselt den Mann ans Bett, vergnügt sich demonstrativ an ihm und stimuliert ihn dabei immer wieder. Dabei wird aber schön vorsichtig die Ejakulation vermieden. Dieses Spiel lässt sich zwar nicht beliebig weit treiben, denn irgendwann ist (leider!) eine körperliche Grenze erreicht, aber einige Mal hintereinander sollte es durchaus möglich sein. Am Ende bringt die Frau ihn zum Orgasmus – nach ihren Regeln. Einige Frauen finden besondere Freude an der Gemeinheit, den Mann um seinen Orgasmus betteln zu lassen, um ihn dann, je nach Stimmungslage, zu erlauben oder nicht. Erfahrungsgemäß verspricht er mit jedem Verbot immer tollere Dinge, die er prompt in dem Moment vergisst, in dem er kommt. Nehmen Sie das alles aber nicht zu ernst, weder als Mann noch als Frau, denn auch hier handelt es sich nur um ein Spiel – eines, das für die Frau meist nach Wiederholung schreit und mit dem genau deswegen am Anfang nicht übertrieben werden sollte.

Wer weitergehen und über Tage oder sogar Wochen mit der Keuschheit spielen möchte, muss größere Anstrengungen in Kauf nehmen und mehr Aufwand betreiben. Spätestens wenn die Frau dem Mann die Masturbation verbietet, kommt sie an den Punkt, an dem sie entweder auf eine lückenlose Überwachung, mechanische Hilfsmittel oder eine eiserne Selbstkontrolle auf männlicher Seite angewiesen ist. Wer ein verlängertes Wochenende oder einen Urlaub für das Spiel zur Verfügung hat, kann es mit Überwachung probieren – gemeinsame Museumsbesuche lassen viel Zeit für Kultur und kaum Gelegenheit für Selbstbefriedigung. Nachts verstärkt die Frau ihre Argumente mit lockeren Manschetten, die zwar den Schlaf ermöglichen, aber durch ein Seil oder eine Kette am Kopfteil des Bettes den Zugriff in die unteren Regionen verbieten. Kaum zu glauben, wie lang so ein Wochenende für einen Mann sein kann – und wie viel Spaß dies einer Frau bereitet.

Sicher ist Ihnen in diesem Zusammenhang auch schon das Stichwort »Keuschheitsgürtel« in den Sinn gekommen. Zu beachten ist jedoch, dass sie zwar häufig Bestandteil sexueller Fantasien, aber sündhaft teuer und aufwändig in der Pflege und Handhabung sind. Zwar gibt es günstige, wirklich einfache Modelle schon ab 150 Euro, aber sie haben nichts mit den glänzenden Metall-Keuschheitsgürteln zu tun, die man sich vorstellt. Folgendes sollte man zudem nie außer Acht lassen: Auch wenn man den Keuschheitsgürtel nicht ständig trägt, vermehren sich in ihm durch Schwitzen und Wärme schnell Bakterien, die den kleinsten Hautriss ausnutzen, um dort einzudringen. Daher ist mindestens eine tägliche Reinigung vonnöten – besser wären zwei. Je nach Material benötigen Keuschheitsgürtel gute und vor allem stete Pflege – den Aufwand sollte man nicht unterschätzen. Erst wenn Sie und Ihr Partner ganz sicher wissen, dass sich diese Investition für Sie beide lohnen wird, sollten Sie zu einem Fachhändler gehen und sich ein Modell nach Maß anfertigen lassen.

Die Macht über seinen besten Freund

Am Vorabend hatte sich, nach einigen Gläsern Wein, das Gespräch mal wieder um Sex gedreht. Mein Freund gab dann irgendwann diesen nervigen Spruch – »Es gibt nur ein Geschlecht, das seinen Orgasmus vortäuschen kann, aber auch nur eines, das es muss, hahaha!« – zum Besten. Daraufhin diskutierten wir ein wenig länger über das Thema Höhepunkte. Als ich dann vorschlug, er solle doch einmal auf seinen verzichten, sagte er nur, dass sich ein richtiger Mann das nicht verbieten lasse. Ich sagte dazu nichts, doch insgeheim entwickelte ich einen Schlachtplan.

Einige Abende später lag er also bei einem unserer Spiele gefesselt auf dem Bett, und ich setzte all mein Wissen über ihn und seine Erregbarkeit ein, um ihn zu verführen. Als die ersten Vorboten eines Ergusses auftraten, hörte ich sofort auf. Sein Gesicht war Gold wert. »Was soll das jetzt?« – »Du hast doch gesagt, ein echter Mann lässt sich den Orgasmus nicht verbieten. Dann mach' mal schön.« Wütend starrte er mich an. Als das nicht half, fing er an zu argumentieren. Ich hörte mir das so lange an, bis sein bestes Stück wieder zusammengeschrumpft war, dann gab ich scheinbar nach und machte mich wieder an die Arbeit. Mit einem zufriedenen »Na also« schloss er die Augen und genoss – bis ich wieder aufhörte. Diesmal wurde er schon ausfallender, dennoch reagierte ich nicht. Dann fing er an zu bitten. Da seine Erektion mittlerweile wieder geschrumpft war, fing ich wieder an, ihn zu verwöhnen.

Noch viermal wiederholte ich diesen Ablauf, bis er wirklich anfing zu betteln, ich möge ihn doch, bitte, bitte, bitte, endlich kommen lassen. Ich weidete mich an seinen Qualen. Dieses spezielle Gefühl der Macht, als ich ihn inständig betteln hörte, breitete sich in meinem gesamten Körper aus, es war wie ein kleiner Orgasmus im Gehirn. So ließ ich schließlich Gnade walten und hörte beim nächsten Mal nicht wieder auf, bevor er seinen Höhepunkt erreicht hatte. Das Ergebnis war erstaunlich, offenbar auch für ihn. Für eine gewisse Zeit nach diesem Spiel hatte ich den dankbarsten und anschmiegsamsten Freund, den man sich nur wünschen konnte. Und so wie ich ihn verstanden habe, muss diese Lektion in absehbarer Zeit wiederholt werden. Männer vergessen ja so schnell …

Worauf sich eine Frau bei dieser Art des Spielens kaum verlassen kann, ist das Versprechen eines Mannes, nicht zu kommen. Hält sich ein Mann daran, ist es fast verdächtig – er hat mit großer Sicherheit geschummelt. Wenn überhaupt ist eine rein geistige Kontrolle über die körperlichen Abläufe nur für klar definierte Zeiträume denkbar, denn es gibt sehr, sehr wenige Männer, die Keuschheit ohne Hilfsmittel und von sich aus durchhalten.

Eines ist klar – ein Keuschheitsgürtel kann niemandem angelegt werden, der das nicht will. Viele Männer lassen aber das Spiel mit Keuschheitsgürteln nicht nur zu, sondern sehen es als faszinierendes Zeichen der Unterwerfung ihrer Lust. Für sie besteht ein großer sexueller Reiz darin, nicht kommen zu können, egal wie sehr sie dies wollen, und sie genießen es ausgiebig, die Kontrolle ihrer Libido ihren Tops zu schenken.

Mein Wille geschehe

Die allgemeinere Form von Keuschheitsspielen ist die Orgasmuskontrolle. Der Unterschied zu Keuschheitsspielen besteht darin, dass der Top dem Bottom nicht nur Orgasmen verbietet, sondern ihm auch vorschreibt, wann und wie er welche zu haben hat. Schon eine SMS oder ein kurzer Anruf kann für den Bottom bedeuten, dass er kurz an einer Autobahnraststätte halten muss, um sich selbst zu befriedigen. Dieses Wissen, dass der Bottom etwas tut, nur weil der Top es befiehlt, ohne selbst anwesend zu sein, ist für viele Menschen erregend. Ebenso lieben es einige Tops, wenn sich der Bottom vor ihren Augen auszieht und selbst zum Orgasmus bringt, eine erotische Vorführung der ganz privaten Art. Lassen Sie den Voyeur in Ihnen herauskommen und befehlen Sie Ihrem Bottom, sich auf einen Tisch zu legen und zu masturbieren oder in der dunklen Ecke des Kinos noch etwas weiterzugehen als beim schon beschriebenen Besuch zuvor. Völlige Willkür des Top steigert die Erregung des Bottom ins Unermessliche: Befiehlt der Top seinem Bottom den Orgasmus zu den unwahrscheinlichsten Zeiten und an den seltsamsten Orten, so wird sich eine sexuelle Grundstimmung aufbauen, da er sich nie sicher sein kann, wann er wieder in die Hose greifen und zur Tat schreiten muss. Wie bei allen Spielen in der Öffentlichkeit ist auch hier Diskretion Pflicht, allerdings werden Sie erstaunt sein, wie viele stille Ecken es gibt, in denen Ihr Partner darum kämpfen kann, so leise wie möglich zu sein.

Es gibt noch eine andere Form der Orgasmuskontrolle, die sich nicht auf den Ort oder die Art des Höhepunkts bezieht. Vor allem für Frauen ist es reizvoll, ihrem Bottom einen Orgasmus nach dem anderen zu bescheren. Dabei lässt sich auch herausfinden, wie oft der Partner wirklich kommen kann. Dieses als »Melken« bekannte Spiel sollte von vorneherein mit einem Gleitmittel wie Babyöl gespielt werden, um wunde Stellen zu vermeiden. Sobald Ihr Bottom vorgibt, gar nicht mehr zu können, sollte es Ihnen ein Vergnügen sein, selbst noch einmal Hand anzulegen oder dies auf anderem Weg überprüfen.

6. Fetische oder wenn Gegenstände magisch werden

Fetisch und SM werden gern in einen Topf geworfen. Dabei hat das eine mit dem anderen erst einmal nichts zu tun. Bei einem Fetischisten handelt es sich um jemanden, der eine besonders stark ausgeprägte Vorliebe hat. Diese bezieht sich auf einen Gegenstand oder ein Material oder auch auf einen Zustand und wirkt auf den Betreffenden erregend. Die Grenzen zwischen Vorliebe und Fetisch sind fließend. Beispiel: Jemand findet rote Lippen bei einer Frau sehr anziehend. Wer dann wirklich guten Sex hat, wenn sich die Partnerin die Lippen rot anmalt, und vielleicht nicht ganz so guten, wenn ihr Lippenstift rosa ist, der kann davon ausgehen, dass er einen Fetisch hat. Im medizinischen Sinne wird von Fetisch gesprochen, wenn jemand gar nicht erregt wird, wenn die Dame im Bett nicht eine ganz bestimmte Farbnuance auf den Lippen trägt.

Es liegt allerdings auf der Hand, warum Fetisch und SM oft in einem Atemzug genannt werden. Viele SMler haben einen Hang zu Lack, Latex und Leder, was sie streng genommen zusätzlich zu Fetischisten macht. Doch gibt es auch Sadomasochisten, die mit diesen Materialien gar nichts anfangen können, und umgekehrt Latex-Liebhaber, die ihren Vanille-Sex in vollen Zügen genießen und bitte nicht Sadomasochisten genannt werden wollen. Für alle gilt: Es gibt nichts, das nicht Fetisch sein kann. Zu finden sind Menschen, die von starker Körperbehaarung (gerne Achselbehaarung) bei Frauen angetörnt werden, oder Frauen, die nichts mehr erregt als dicke Männer mit Glatze. Der Schulmädchenlook als Fetisch ist nicht so ausgefallen, während Luftballons, die beim Sex nicht kaputt gehen dürfen, seltener als Fantasie genannt werden. Die Liste von Vorlieben ließe sich endlos fortsetzen. Hier werden wir uns allerdings mit der Darstellung der Klassiker zufriedengeben.

Schuhe, Stiefel und Füsse

Stellen Sie sich folgende Situation vor: Eine Frau wird von einem Mann ausgiebig gemustert. Sein Blick wandert von ihren Augen zu ihren Lippen, weiter zum Dekolletee, bleibt dort aber nicht hängen, auch nicht an ihrem Po oder ihren Oberschenkeln – egal wie kurz ihr Rock ist. Doch sobald seine Augen ihre Füße, Schuhe oder gar Stiefel erreicht haben, fangen seine Augen an zu glänzen, und er kann sich nur noch mit Mühe auf etwas anderes konzentrieren. Damit ist der Fetischist entlarvt. Wenn Sie ihn und seine Vorlieben besser kennenlernen, können Sie ganz gezielt mit diesem Fetisch spielen und sich und ihm sehr befriedigende Augenblicke bescheren.

Schuhe als Fetisch sind natürlich keine Einbahnstraße. Einige Frauen lieben das Gefühl, nicht entkommen zu können, wenn sie hohe Absätze tragen. Damit schaffen sie eine subtile Form der Hilflosigkeit, die zugleich unaufdringlich und sexy ist. Wer bereit ist, etwas mehr Geld auszugeben, kann in Fetisch- oder SM-Läden auch Schuhe kaufen, die an den Riemchen kleine Schlösser haben. Ohne den Schlüssel bleibt der Bottom eine wahre Gefangene der Mode. Doch als Erstes sollten Sie sich darüber klar sein, welche Art von Schuhfetischist er ist. Die meisten Fetischisten erzählen Ihnen gerne mehr über Schuhe, als Sie je wissen wollten. Mag er eher Stiefel oder High-Heels oder gar Holz-Pantoletten? Welche Art von Schuh bevorzugt er – sportlich oder elegant? Und die Farbe? Wenn Sie das herausgefunden haben, machen Sie sich auf die Suche nach einem geeigneten Paar, am besten gemeinsam mit Ihrem Partner.

Die folgenden Ausführungen beziehen sich auf High-Heels, da sie besonderes Suchtpotential besitzen und sehr häufig Objekt der Begierde sind. Das Verlangen nach immer extremeren Absätzen findet seinen Höhepunkt in den sogenannten Ballettschuhen: High-Heels, die derart hohe Absätze haben, dass man praktisch nur auf den Kuppen der Zehen steht. Meist sind diese Schuhe bis zum Knöchel geschnürt, und kleine Schlösser an den Schnüren können das Bild abrunden. Wer keine ausgebildete Ballerina ist, kann in solchen Schuhen kaum stehen, geschweige denn gehen: Es sind Schuhe, die eher dazu geeignet sind, schön zu sein und beim Liegen getragen zu werden.

Hohe Hacken für kleines Geld

Erste Regel für alle, die sich High-Heels kaufen möchten, um sich und ihrem Partner weitere Wünsche zu erfüllen: Fangen Sie mit niedrigen Absätzen und kleinen Preisen an. Selbst wenn zehneinhalb Zentimeter hohe Absätze, womöglich aus geschwärztem Stahl, toll und unendlich sexy aussehen, denken Sie an Ihren Geldbeutel. Solche Schuhe (oder gar Stiefel) sind meist sehr teuer. Und bevor Sie und Ihr Partner nicht wissen, ob Sie dieser Leidenschaft überhaupt auf Dauer etwas abgewinnen können, empfiehlt sich daher eine preisgünstigere Variante.

Beginnen sollten Sie mit Absätzen von höchstens acht Zentimetern, die etwas stabiler sind als Pfennigabsätze. Für den Anfang muss der Schuh auch nicht aus echtem Leder sein, Lack oder Kunstleder tut es auch. Wählen Sie am besten einen ganz schnörkellosen, schlichten Schuh. Erstens stören Schleifchen und Pünktchen das Erotikempfinden vieler Menschen erheblich, und zweitens können Sie solche Schuhe auch beim Ausgehen tragen. In den Schuhgeschäften der unteren Preisklasse werden Sie sicher fündig. Schlichte, hohe Pumps gibt es hier schon ab 20 Euro. Achten Sie darauf, dass Ihnen der Schuh passt. Hoch-

hackige Pumps müssen oftmals eine Nummer größer gekauft werden als ein Turnschuh, damit der zu erwartende Spaß nicht durch drückendes Schuhwerk beeinträchtigt wird.

Das Internet bietet weitere Möglichkeiten, günstig an High-Heels zu kommen. Zum einen tummeln sich in den Online-Auktionshäusern recht viele Anbieter, die auch neue Schuhe verkaufen. Zum anderen gibt es hier zahlreiche Erotik-Shops. Ein Internet-Kauf hat aber den Nachteil, dass Sie die Schuhe nicht anprobieren können. Gerade Neulinge auf diesem Gebiet wissen häufig nicht, wie sich die eigenen Füße mit hohen Absätzen vertragen. Gehen Sie daher in ein Schuhgeschäft und probieren Sie unterschiedliche Modelle ausgiebig aus, bevor Sie das genau passende oder ein vergleichbares über das Internet bestellen.

Herkömmliche Erotik- und SM-Shops bieten ebenfalls manchmal preiswerte Auslaufmodelle an. Allerdings sind diese Schuhe häufig eher für Fortgeschrittene geeignet: Die günstigsten 13,5-Zentimeter-Absätze üben wenig Reiz aus, wenn Sie damit noch nicht einmal unfallfrei aufs Klo gehen können.

Und: Falls Ihr Schuhkauf nicht unbedingt eine Überraschung für ihn sein soll, eignet er sich auch hervorragend als Vorspiel. Denn ganz unschuldig kann man den Schuhliebhaber bitten, beim Anziehen der Schuhe behilflich zu sein, seine Beine mit den Absätzen streifen oder einen Schuh auf den Stuhl stellen, auf dem er gerade sitzt, um einen imaginären Fussel vom Bein zu streichen. Kein Schuhfetischist bleibt da cool.

Der Schuhputzer

Sie haben die begehrten High-Heels erstanden? Nun kann es losgehen. Zwar werden Sie früher oder später auf den Dingern tatsächlich laufen müssen, doch vor den Schweiß haben die Schuhgöttinnen den Spaß gesetzt. Als Erstes möchte so ein neuer Schuh nämlich geputzt werden. Setzen Sie sich bequem in einen Sessel. Lassen Sie ihn das Schuhputzzeug holen und vor Ihnen auf dem Boden ausbreiten. Nun darf er putzen. Aber bitte mit Hingabe und Sorgfalt. Und da er gerade dabei ist und so viel Spaß hat, gestatten Sie ihm gnädig, auch gleich Ihre anderen Schuhe zu polieren. Je nachdem, wie er auf Verbalerotik reagiert, können Sie den einen oder anderen Kommentar einstreuen, insbesondere dann, wenn Ihr Partner noch nicht viel Übung darin hat, Schuhe ordentlich zu putzen. Vielleicht müssen Sie sogar auf einen zweiten Durchgang bestehen.

Ein anderes klassisches Spiel ist das Küssen der Schuhe. Top und Bottom sollten sich dazu Zeit nehmen – schließlich soll auch der Schuh oder Stiefel in aller Ruhe und mit der angebrachten Sorgfalt von oben bis unten bearbeitet werden. Ob nun Zunge oder Lippen über den Schuh fahren sollen – das entscheidet der Top. Ebenso, ob der Bottom seinen Mund leicht wie eine Feder über das Material huschen lässt oder es geradezu gierig bearbeitet. Kontrollierte Macht und ungezügelte Gier stehen sich hier gegenüber.

Eine Geschmacksfrage im wahrsten Sinne des Wortes ist es dann, ob Hacke und Sohle in das Spiel einbezogen werden und ob der Top Schuhe trägt, die nur drinnen oder auch draußen getragen werden. Auch hierbei kann der Top wieder seine Macht gut demonstrieren, wenn er darauf steht. Sind Sie der Top, setzen Sie sich bequem in einen Sessel. Ihr Bottom legt sich vor Sie auf den Boden. Stellen Sie dann Ihren Fuß samt Schuh leicht auf sein Gesicht und befehlen Sie ihm, die Sohle sauber zu lecken. Achten Sie für den Anfang darauf, dass Sie nicht zu viel Druck auf das Gesicht ausüben, sonst wird es unerotisch. Wenn ihm das gefällt, führen Sie ganz, ganz vorsichtig den Schuhabsatz in seinen Mund ein. Passen Sie auf, dass Sie nicht zu weit eindringen, sonst wird womöglich der Würgereflex ausgelöst. Ein solches sehr langsames, aber stetiges Eindringen mit dem Absatz in seinen Mund wird Ihnen eine Ahnung geben, wie er sich beim Oralsex fühlt.

Eine andere, wirklich anregende Methode besteht darin, dass sich der Fußfetischist entkleidet, vor dem Top auf den Boden legt und gefesselt wird. Ein Schuh oder auch beide Schuhe gehen auf Entdeckungsreise über den nackten Körper. Dieses Spiel lässt sich sehr gut mit dem obigen kombinieren. Fangen Sie bei seinem Gesicht an, fahren Sie mit dem Absatz an seinem Hals entlang, treten Sie mit der Sohle leicht auf seine Brustwarzen, lassen Sie die Fußspitze über seinen Bauch und die Innenseite seiner Schenkel fahren. Besonders seinem besten Stück sollten Sie sich ausgiebig widmen. Das männliche Genital ist zwar durchaus empfindsam, aber nicht so empfindlich, wie manche Männer ihren Frauen gerne weismachen wollen. Leichtes Kratzen mit dem Absatz, Stupsen mit der Schuhspitze und ganz sanftes Treten mit der Sohle haben noch keinem Bottom geschadet. Aber die Angst um sein gutes Stück wird ihn fast verrückt machen. Auch hier gilt: langsam anfangen und sich dann vorsichtig steigern.

Alternativ können sich einfach einen gemütlichen Fernsehabend machen und den Schuhliebhaber als Hocker für strapazierte Füße und Schuhe gebrauchen. Dafür kniet oder legt sich der Bottom auf eine weiche Unterlage, und Sie stellen Ihre Füße auf seinem Rücken ab. Eine einfache, aber wirkungsvolle Methode, um seine Hingabe an Ihre Schuhe zu testen, die dazu noch voller Möglichkeiten steckt, die Werbepausen lustvoll und sinnvoll zu überbrücken.

FUSSFETISCHISMUS IM ALLTAG

Wenn Ihren Bottom weniger Ihre Schuhe, sondern mehr Ihre Füße interessieren, dann haben Sie das große Los gezogen. Nicht nur, dass Sie (bis auf das Putzen) die gleichen Praktiken anwenden können wie mit Schuhen, es gibt auch kaum etwas Schöneres, als sich nach einem langen Tag in einen Sessel fallen zu lassen, während die Füße sanft in eine Schüssel wohl temperierten Wassers gleiten, sorgfältig gewaschen, getrocknet und danach mit einer wohlriechenden Creme ausgiebig massiert werden. Und als ob das nicht genug der Annehmlichkeiten wären, sind die Fußfetischisten wirklich gute Nägellackierer. Mit etwas Glück und Konsequenz werden Sie nie wieder Probleme mit abgeblättertem Nagellack oder rissiger Hornhaut haben – Sie müssen ihn nur machen lassen.

Zudem lässt sich kaum eine Variante der SM-Spiele so gut in der Öffentlichkeit spielen. Wenn Sie auf einer tanzintensiven Party Ihren Mann höflich bitten: »Schatz, mir tun die Füße so weh, würdest du sie bitte kurz massieren?«, und anmutig aus Ihren High-Heels schlüpfen, sind Ihnen neidvolle Blicke Ihrer Geschlechtsgenossinnen sicher. Und nicht selten schauen auch einige Männer sehnsüchtig hin.

Die Kunst, auf High-Heels zu laufen

Die gute Nachricht ist: Für den Anfang genügt es vollkommen, die hohen Schuhe an den Füßen zu tragen. Sie setzen sich einfach in einen bequemen Sessel, strecken die beschuhten Füße etwas nach vorne, werfen den Kopf einmal divenhaft in den Nacken und schauen dann den Mann herausfordernd an. Das reicht bei den ersten Spielen vollständig aus, um ihn erstens wahnsinnig zu machen und ihn zweitens davon zu überzeugen, dass Sie die tollste Frau der Welt seien, die Sie natürlich auch sind (dieses kleine Detail bitte niemals, niemals vergessen).

Die schlechte Nachricht ist: Irgendwann sollten Sie doch lernen, auf den High-Heels zu gehen, denn es sieht sehr undivenhaft und unerotisch aus, wenn eine Frau in solchen Schuhen wie auf rohen Eiern geht. Sorgen Sie auf jeden Fall dafür, dass niemand bei Ihren ersten Gehübungen zusieht, schon gar nicht der Fetischist. Wenn Sie Angst haben, sich alle Bänder zu reißen, bitten Sie einfach eine Freundin um Hilfe, die Sie stützt. Am besten, Sie tragen erst einmal keine Strümpfe, dann haben Sie einen besseren Halt in den Schuhen. Wählen Sie außerdem einen rutschfesten, aber harten Untergrund. Flauschige Teppiche dämpfen zwar den Fall, erschweren aber das Gehen.

Und dann: Kopf hoch, Augen geradeaus und langsam einen Fuß vor den anderen setzen. Treten Sie fest auf und proben Sie einen flüssigen Gang. Verzweifeln Sie nicht, wenn Sie es nicht sofort schaffen. Das damenhafte Schreiten will gelernt sein, hier rächen sich die vielen Jahre in Turnschuhen bitterlich.

Wenn Sie wirklich sicher in diesen Schuhen laufen können, wagen Sie sich an die nächsthöheren Absätze heran. Ihre Belohnung für die ganzen Mühen werden die leuchtenden Augen Ihres Liebsten sein, wenn Sie ihm vorschlagen, doch nett essen zu gehen, und zum Mini die High-Heels anziehen. Wetten, er kann nicht schnell genug nach Hause kommen – wenn Sie überhaupt aus dem Haus gehen.

Zum Schluss noch eine wirklich ernst gemeinte Warnung: Auch für Frauen bieten Schuhe höchstes Suchtpotential. Wenn Sie einmal festgestellt haben, wie sexy so ein bestrumpftes Bein in High-Heels – Ihr Bein! – aussieht, haben Sie schon verloren.

Was bislang für Frauen beschrieben wurde, gilt dank spezieller Übergrößen auch für Männer. Sie können ebenfalls zum Tippeln gebracht werden und Frauen dürfen sich daran vergnügen, wie die Absätze seinen Po sanft hin und her schaukeln lassen. Da die meisten Männer im Alltag kaum Gelegenheit haben, Erfahrungen mit hohen Absätzen zu sammeln, brauchen sie etwas mehr Zeit zum Üben. Die Damen sollten ihnen daher ruhig mit Ratschlägen und klassischen Übungen zur Seite stehen: Ein Top kann seinen Bottom mit einem Buch auf dem Kopf durch die Wohnung laufen lassen, um seine Haltung zu perfektionieren. Fehler müssen natürlich streng bestraft, Erfolge liebevoll belohnt werden.

Um eines noch mal ganz klar zu sagen: Ein Großteil der Schuhfetischisten im sexuellen Sinne sind Männer. Für viele Frauen hat der Schuhkauf aber suchtartige Züge – was ein Blick in den heimischen Schuhschrank zeigen kann. Daher ist die Kombination »Schuhliebhaber-Frau« in der Regel sehr harmonisch. Ebenfalls anzutreffen, wenn auch seltener, ist die Spezies Frau, die Springerstiefel an Männern mag – eine kleine Ungerechtigkeit des Schicksals ist, dass diese Stiefel unleugbar bequemer sind als Heels.

Und dann gibt es da noch Männer, die selbst gerne High Heels anziehen – sehr oft geht diese Richtung anheim mit dem Fetisch, Frauenkleidung zu tragen.

Wer auch immer welche Schuhe trägt – sobald sich jemand gefunden hat, dessen Vorlieben mit den eigenen kompatibel sind, geht der Spaß richtig los.

... UND ALLE ANDEREN KLEIDUNGSSTÜCKE

Seien Sie bitte ehrlich: Worauf haben Sie bei den *Matrix*-Filmen wirklich geachtet? Etwa auf die Handlung? Dann ist dieses Kapitel nichts für Sie. Wer dagegen im Kino mit den Augen den hautengen Lackanzug von Trinity, den schweren Ledermantel von Neo oder das Gummikleid von Persephone verschlungen hat, ist hier richtig. Außergewöhnliche Materialen wie Leder, Lack, Gummi und Silikon erfreuen sich Anfang des 21. Jahrhunderts wachsender Beliebtheit.

Das war nicht immer so. Noch Anfang der 90er Jahre musste man für einen einfachen Lackrock astronomische Summen zahlen – im Fachjargon nannte man das den »Perversenzuschlag«. Diese Materialien standen für Verruchtheit, und nur die ganz Mutigen trugen sie öffentlich. Da die daraus gemachte Kleidung meist sehr figurbetont geschnitten ist, signalisiert sie selbst hochgeschlossen puren Sex, sowohl bei demjenigen, der sie trägt, als auch beim Betrachter. Hinzu kommt gerade bei Latex und Leder der sehr eigene Geruch, der vielen Fetischisten das Herz höher schlagen lässt.

Dank Techno und Gothic, die diesen Kleidungsstil aufgegriffen haben, sind die Zeiten der überteuerten Klamotten vorbei. Ein komplettes Lack-Outfit ist inzwischen für wenig Geld in einem der schreiend bunten und lauten Läden für Girlie-Moden erhältlich.

Wer jedoch einen wirklich gut passenden Lackbody, ein perfekt sitzendes Gummikleid oder aber ein ganz spezielles Leder-Outfit haben möchte, wird eigentlich nur in einschlägigen Fetisch-Läden (nicht zu verwechseln mit dem Sexshop an der Ecke) oder bei speziellen, meist jungen In-Designern fündig. Zwar nehmen diese auch entsprechende Preise, doch die Investition lohnt sich. Ein gut verarbeitetes Gummikleid hält bei sorgsamer Pflege locker zehn Jahre – vorausgesetzt, die eigene Figur verändert sich nicht. In den Spezialgeschäften erfahren Sie auch, wie Sie Kleidungsstücke dieser Art am besten pflegen. Hier nur eine kurze Anleitung.

Leder

Sehr weich werden Lederkleidungsstücke, wenn sie in nicht zu großen zeitlichen Abständen dick mit Bienenwachs eingerieben werden. Das Wachs lässt man an einem warmen Ort einweichen (wahre Freaks legen ihre eingewachsten Ledersachen bei 40 Grad Celsius für 30 Minuten in den Backofen), dann wird mit einem weichen Lappen alles abpoliert.

Latex

Dieses Material wird nach dem Tragen in einer milden, lauwarmen Spülmittellauge abgewaschen und dann von links zum Trocknen aufgehängt. Wenn alles trocken ist, wird das Kleidungsstück innen und außen gleichmäßig mit einem speziellen Latexpflegemittel abgerieben.

Lack

Nur wenn es wirklich nötig ist, wird Lack mit einem milden Shampoo von Hand gewaschen und nach dem Trocknen von außen mit Leinöl eingerieben.

Lack in Zeltgröße gesucht?

Und wieder eine gute Nachricht vorab: Fetisch-Kleidung gibt es auch in sehr großen Größen. Noch besser: Viele Sachen stehen grade Frauen mit mehr Gewicht viel besser als dünnen Frauen. Ein Korsett etwa ist für Frauen mit großem Busen und etwas mehr Taille wie geschaffen. Eigentlich steht es jeder Frau, es sei denn, sie hat eine sehr kleine Brust. Dazu passt dann ein langer Rock, hohe Schuhe – und schon steht man da im perfekten Fetisch-Outfit.

Latex ist vor allem Frauen mit dem einen oder anderen Fettpölsterchen zu empfehlen. Ein gut geschnittenes Gummikleid formt den Körper und drückt Röllchen weg. Allerdings sollte von Miniröcken oder Overalls Abstand genommen werden, wenn die Schenkel die Proportionen verschieben. Ein langer Latexrock, vielleicht in Verbindung mit einem Korsett, oder ein tolles langes Kleid wird Ihre Figur glänzend zur Geltung und jeden Latexliebhaber zum Schmelzen bringen. High-Heels verlängern die Beine optisch und sind daher fast unverzichtbar. Sollten Sie starke Oberarme haben, wirken lange Handschuhe aus Satin, Leder oder Latex wahre Wunder. Oder Sie nehmen gleich ein langärmeliges Kleid.

Stehen Sie eher auf Leder, haben Sie eine große Auswahl an wunderbaren Röcken, Kostümen und Reiterhosen, mit denen Sie nicht nur kaschieren können, sondern auch einen äußerst dominanten Auftritt haben. Und die Sie mit Glück sogar zu günstigen Preisen in einem normalen Kaufhaus bekommen.

Ein weiterer gängiger Fetisch, welcher nebenbei der Figur schmeichelt, ist der Business-Look. Frau nehme ein gut sitzendes Kostüm, kombiniere es mit einer hochgeschlossenen Bluse, wenig Make-up, einer strengen Frisur und einer Brille. Wetten, dass Ihnen Ihr Partner zu Füßen liegt?

Was Sie bei der Auswahl Ihres Outfits aber nie vergessen dürfen: Es ist nicht die Kleidung, die für Ihren Partner so interessant ist. Sie sind es, die ihm zuliebe die Kleidung trägt, die er oder sie anregend findet. Und dafür wird Ihr Partner Sie auf Händen tragen.

Auch Seide und Satin gehören zu den Fetisch-Stoffen. Die Gründe dafür sind die gleichen wie bei den bereits genannten Materialien. Diese Stoffe umschmeicheln den Körper und fühlen sich einfach sexy an. Zudem finden viele Männer, dass Frauen in Satinkleidern mit High-Heels und langen Handschuhen extrem erregend und doch unnahbar kühl wirken. Solche Kleider müssen nicht teuer sein. Sie sind in den schon erwähnten Girlie-Boutiquen zu niedrigen Preisen erhältlich.

Ein ebenfalls weit verbreiteter Fetisch ist das Korsett. In den letzten Jahren haben die Designer Mieder und Korsetts wiederentdeckt, daher sind in den großen Kaufhäusern beide Kleidungsstücke zu finden. Für den Anfänger reicht ein sogenanntes Korselett – also ein sehr leichtes Korsett – völlig aus, vor allem, wenn er erst einmal herausfinden möchte, wie er sich in einem derart beengenden Kleidungsstück fühlt. Wer schon bei der Anprobe Atemprobleme oder Phobien verspürt, sollte sich jede weitere Investition lieber sparen. Denn ein echtes Korsett ist kaum in einem Kaufhaus zu finden, die Preise sind recht hoch. Das liegt daran, dass gute Korsetts aufwändig gefertigt werden. In ihrem Inneren sind sogenannte Fischstäbchen (heute meist aus Kunststoff) eingearbeitet. Diese sind einerseits so starr, dass sie die Figur in Form halten, andererseits aber so biegsam, dass sie erst die gewünschte Figur geben.

Korsetts gibt es in allen Formen, Farben und Materialien, vom feinen Satin über martialisches Leder bis hin zum militärischen Tarnfarben-Look. Wenn Ihnen das Angebot nicht ausreicht, können Sie einen Korsettmacher aufsuchen, die auf Maß und Wunsch anfertigen. Das wird zwar richtig teuer, sitzt dafür aber perfekt. Für Frauen und Männer – auch Letztere tragen Korsetts und können sehr anziehend damit aussehen – mit etwas mehr Gewicht ist ein maßgeschneidertes Korsett oft die bessere Lösung.

Welches Korsett Sie wählen, hängt von Ihrer Figur ab und davon, was Sie vorhaben. Möchten Sie es auch in der Öffentlichkeit tragen, empfiehlt sich auf jeden Fall eines mit gearbeiteten Brustschalen. Ist das Korsett lediglich für Spiele daheim gedacht, kann es durchaus unter dem Busen enden.

Geschnürt wird ein Korsett immer locker von oben nach unten, in der Mitte wird einmal die gleiche Seite benutzt, wie auf dem Bild zu sehen ist. Da jedes Korsett vorne Häkchen zum Öffnen hat, lässt es sich leicht anziehen, ohne dass Sie jedes Mal mit den Schnüren hantieren müssen.

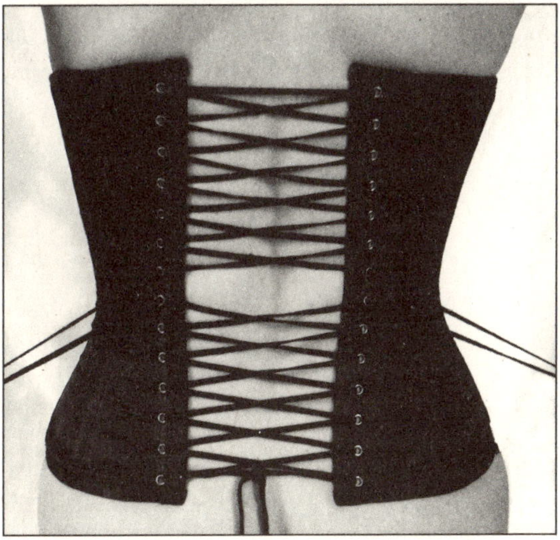

Jetzt nur noch die Schleife – fertig!

Dann werden langsam und vorsichtig von der Mitte her die Schnüren stramm gezogen. Sobald Sie ein Gefühl der Enge verspüren, legen Sie eine Pause ein, um dem Körper Zeit zu geben, sich an die neue Situation zu gewöhnen. Nach etwa zehn Minuten wird etwas weiter geschnürt, bis es sich wieder eng anfühlt. Das Ganze wird mit den dazugehörigen Pausen so oft wiederholt, bis die Trägerin oder der Träger mit der Schnürung zufrieden ist. Wie weit man dabei geht, ist Geschmackssache: Die einen wollen einen formenden Halt, während die anderen die klassische Ideal-Eieruhr-Form eines stark geschnürten Körpers erreichen möchten. Wichtig ist in jedem Fall, nur Schritt für Schritt zu schnüren und nicht zu lange zu eng geschnürt zu bleiben. Der Grund, warum die Damen in früheren Tagen leicht in Ohnmacht gefallen sind, war meist keine prinzessinnenhafte Hysterie, sondern Sauerstoffmangel aufgrund zu eng geschnürter Korsetts. Sollte Ihnen das einmal passieren, hilft nur das Korsett aufschnüren (in Notfällen aufschneiden) und viel frische Luft.

Ein Tipp: Wenn Sie an dem Abend, an dem Sie das Korsett tragen, noch etwas essen wollen, schnüren Sie sich nicht ganz eng ein. Handelt es sich gar um ein mehrgängiges Menü, entscheiden Sie sich lieber für eine andere Art Kleidung. Es wäre schade um das schöne Essen.

Gleichberechtigung nicht vergessen!

Frauen mögen generell Männer, die gepflegt sind und gut aussehen. Und auch unter Ihnen gibt es so einige, die Fetische haben. So sinken manche Frauen angesichts eines Mannes in einem wirklich gut sitzenden Anzug, der selbstverständlich getragen wird, schon von ganz alleine in die Knie. Zudem steht nirgends geschrieben, dass Männer keine fantasievollen Outfits tragen dürfen. Einem Mann steht ein Latex-Body genauso gut wie einer Frau. So manche Migräne ist schon verflogen, wenn er die von ihr so geliebten Lederchaps über seine Jeans oder die nackte Haut gezogen hat. Bezugsquellen sind auch hier spezielle Fetischgeschäfte. Gute und schöne Männermode der etwas anderen Art kostet im Übrigen ungefähr so viel wie die für Frauen – also wieder eine Ausrede weniger für die Herren –, und auch die Auswahl ist mittlerweile mehr als passabel.

Catwalk der Fetischisten

Vielleicht ist Ihr Fetisch so weit gediehen, dass Sie sich in Ihren speziellen Outfits mal auf eine Party wagen möchten. Schließlich haben Sie nicht eine halbe Küche für Klamotten ausgegeben, um dann von niemandem gesehen zu werden. Für viele Paare ist es ein Kick, wenn andere Menschen sie in ihrem Outfit sehen und ihnen begehrliche Blicke zuwerfen. Für diese Paare gilt: auf zur nächsten Fetisch-Party! Die meisten großen Partys werden in Zeitschriften wie den *Schlagzeilen* angekündigt. Neben Ort, Datum und Preis ist immer ein »Dresscode« angegeben. Der verlangt oft *Lack, Leder, your Fantasy – not normal.* Das bedeutet so viel wie: Besondere Kleidung ist Pflicht, wer in Jeans und Hawaii-Hemd kommt, hat beim Türsteher keine Chance, auch wenn er damit seinen Fetisch auslebt.

Sollten Sie sich entscheiden, eine Fetischveranstaltung zu besuchen, wird es in etwa so ablaufen: Sie haben ungefähr vier Stunden mit An- und Umziehen vor dem Spiegel verbracht, fahren zur Location, entrichten Ihren Obolus und gehen hinein. Drinnen hören Sie Musik und sehen sehr viele Menschen in äußerst unterschiedlichen außergewöhnlichen Outfits – ein wahre Vielfalt an Kostümen und fantasievoll gekleideten Menschen. Je größer und besser die Fete, desto skurriler die Menschen, die Sie dort sehen werden. Und Möglichkeiten für einen Gesprächseinstieg finden sich damit allemal.

Was schiefgehen könnte

Klar, irgendwann kommt er, vielleicht mitten im Spiel: der Gedanke, dass der Partner in einem nur noch den Schuh sieht und nicht mehr die Person, die den Schuh trägt – und die sich, nebenbei bemerkt, ausgesprochen mühevoll das elegante Schreiten antrainiert hat. Oder Sie fragen sich, ob es stimmt, dass Ihre Partnerin nur noch Sex mit Ihnen hat, wenn Sie diesen vermaledeiten Anzug tragen.

Es kann natürlich sein, dass Sie und Ihr Partner häufiger Sex haben, wenn der begehrte Fetisch im Spiel ist ... wäre ja auch schade, wenn nicht. Wenn Sie aber meinen, selbst gar nicht mehr wichtig, sondern nur noch der Träger eines Nylonstrumpfes zu sein, ist es dringend an der Zeit, mit dem Partner zu reden.

Oft stellt sich dabei heraus, dass der andere gar nicht darüber nachgedacht hat und einfach nur froh und glücklich ist, einen Partner zu haben, mit dem er eben diesen Fetisch teilen kann. Von den Befürchtungen des anderen hat er meist nichts geahnt.

Als Sofortmaßnahme lassen Sie die Fetischgegenstände für ein paar Wochen verschwinden, so lange, bis sich der verunsicherte Partner wieder um seinetwillen begehrt fühlt. Es hat allerdings schon Fälle gegeben, da hat der Partner, der um eine Fetisch-Auszeit gebeten hat, die Spielzeuge vor der Zeit wieder hervorgeholt.

7. Fehlt da nicht noch etwas?

»Kinder großzuziehen, das ist Folter. Sadomasochismus ist nicht annähernd so grausam.«
Miller und Devon in »Screw the Roses, Send Me the Thorns«

An dieser Stelle wissen Sie bereits eine ganze Menge über Macht, Fetische, Bondage und was noch zu SM gehört. Nur eine Sache fehlt noch, nämlich dass Sadomasochismus auch mit Schmerzen verbunden sein kann, und zwar mit positiv empfundenem und erregendem Schmerz. Dieses Gefühl ist von der Wahrnehmung her ähnlich zweigeteilt wie Stress. Es gibt »guten« Stress, den Eustress, der uns fordert, uns zu Erfolgen bringt, von denen wir nicht dachten, sie je erreichen zu können. Und es gibt »schlechten« Stress, den Disstress, der uns herunterzieht und schädlich ist. Ähnlich ist es mit dem Schmerz: Es gibt den gewollten Schmerz, der die eigenen Empfindungen intensiviert, der die Sinne vibrieren lässt und uns voll und ganz befriedigt – sexuell und seelisch. Und natürlich gibt es auch eine andere Art von Schmerz – wie zum Beispiel bei einer Wurzelkanalbehandlung. Hier geht es um die erste Form, denn die zweite hat nichts mit SM zu tun. Es gibt noch einen zweiten Grund, warum Schmerz manchmal als anregend und positiv erfahren wird. Während der Schmerzphase werden vom Körper Endorphine freigesetzt, sogenannte Glückshormone, die ähnlich wie Schmerzmittel wirken. Sie lösen ein kurzzeitiges Glücksgefühl aus, wie es vor allem Sportler kennen, die an die Grenzen ihrer Leistungsfähigkeit stoßen.

Stellen Sie sich nun die folgende Situation vor: Sie liegen vor Ihrem Partner gefesselt auf dem Bett. Er holt eine Feder hervor und streicht Ihnen damit über den Körper und vor allem über Ihre Brust.

Dann benutzt er seine Finger, mit denen er Sie erst streichelt, dann fester zupackt, knetet, kratzt und, wenn Sie vor Erregung schon halb wahnsinnig sind, schließlich Ihre Brustwarzen nicht gerade zaghaft zwirbelt. Ein solches Kneifen in die Brustwarzen, das Sie ohne Vorspiel und unter normalen Umständen wahrscheinlich mit einer Ohrfeige quittieren würden, wird Ihnen im Zustand der Erregung den Verstand vollends rauben.

Das hat damit zu tun, dass der Schmerz nicht alleine steht, er ist gepaart mit vielen anderen Empfindungen wie Erregung, Erwartung, Hilflosigkeit, aber auch mit Vertrauen und der Unsicherheit, was der Top als Nächstes tun wird. Erinnern Sie sich an die ersten Bondage-Versuche: Genauso wenig, wie Sie erwarten können, dass Sie und Ihr Partner den Umgang mit Seilen von jetzt auf gleich erotisch finden werden, wird ein beherzter Klaps auf den Hintern ohne jeden Zusammenhang totale Hingabe hervorrufen. Soll Schmerz erotisierend wirken, muss er in einen sexuellen Kontext eingebettet werden.

Auch wenn Sie dafür nicht Stunden einzuplanen brauchen, ist es gerade am Anfang hilfreich, sich ausreichend Zeit zu lassen und sich langsam an diese neuen Empfindungen heranzutasten. Ob diese Art Spiel für Sie das Richtige ist, ob es Ihnen Spaß und Lust bereitet, werden Sie nur herausfinden, indem Sie es ausprobieren. Vielleicht verspüren Sie schon bei der Vorbereitung dieses Kribbeln in der Magengegend, das untrüglich auf sexuelle Spannung hinweist. Und wenn sich herausstellt, dass Ihnen Schmerz keinen Spaß bereiten kann, dann haben Sie dies mit Ihrem Partner gemeinsam entdeckt und Sie haben sich gegenseitig noch intensiver kennen gelernt.

Wie bei allen anderen Spielarten gelten auch hier zwei ganz grundlegende Ratschläge. Erstens: Fangen Sie ganz vorsichtig an und steigern Sie sich noch vorsichtiger. Zweitens: Verlieren Sie nie Ihren Humor! Falls einmal eine Klammer abrutscht, tut es nur halb so weh, wenn Sie direkt nach dem ersten scharfen Lufteinziehen mit dem Partner darüber lachen können.

Nicht nur zum Wäscheaufhängen: Klammern

Das vielleicht beliebteste SM-Spielzeug in diesem Bereich haben Sie vermutlich schon häufig selbst zu anderen Zwecken benutzt, nämlich beim Wäscheaufhängen: Wäscheklammern. Ob aus Plastik oder Holz, ob bunt oder einfarbig, ein preiswerteres Sexspielzeug gibt es nicht. Klammern haben den Vorteil, dass sie vielseitig einsetzbar sind, denn sie wirken an verschiedenen Stellen des Körpers auf unterschiedliche Weise.

Nicht alle Klammern zwicken gleich stark, selbst wenn sie aus derselben Packung stammen: Die Qualitätskontrolle der Klammerhersteller ist aus sadomasochistischer Sicht deutlich ausbaufähig. Dem Anwender bleibt daher nichts anderes übrig, als im Selbstversuch zu testen, wie stark jede einzelne Klammer ist. Achten Sie darauf, dass die Teile der Klammer, die mit dem Körper direkt in Berührung kommen, weder scharfe Kanten noch irgendwelche Noppen oder gar Zähne aufweisen. Hölzerne Klammern sollten Sie auf Splitter hin untersuchen, Plastikklammern auf Risse oder Bruchstellen.

Haben Sie die Rolle des Top gewählt, beginnen Sie damit, die Haut des Bottom zu sensibilisieren, zum Beispiel mit der schon erwähnten Feder an der Bauchdecke.

Dann nehmen Sie die Haut an dieser Stelle zwischen Daumen und Zeigefinger und ziehen leicht daran, sodass Sie eine Klammer auf die Hautfalte setzen können. Dabei ist die Wahrscheinlichkeit, dass Ihr Partner Sie erstaunt anschaut, weil er nichts spürt, recht groß – am Bauch lösen Klammern nämlich praktisch keinen Schmerz aus. Diese Erfahrung ist eine gute Grundlage, um dem Partner und sich selbst eventuelle Berührungsängste zu nehmen.

Wäscheklammern werden am besten an den empfindlichen Körperteilen des Partners eingesetzt – an den Brustwarzen, den Innenseiten der Oberschenkel, dem Hodensack. Die Brustwarzen lassen sich am besten behandeln, wenn sie vorher leicht gereizt werden, sonst rutschen die Klammern schnell ab. Umspielen Sie sie mit den Fingern und der Zunge oder nehmen Sie einen Eiswürfel zu Hilfe. Beim Hodensack verhält es sich anders: Wird er gereizt, zieht er sich zusammen und lässt sich schlecht greifen. Ihn sollten Sie also im Verlauf eines Spiels relativ unvermittelt behandeln.

Wie stark nun eine Klammer an der jeweiligen Stelle sein darf, ist von Mensch zu Mensch äußerst unterschiedlich. Gerade bei weiblichen Brustwarzen reicht das Spektrum von »Geht gar nicht!« bis zu einem wiederholten »Ist das alles?«. Viele Männer können Klammern an der Vorhaut (sofern sie eine haben) gar nicht aushalten, andere finden das gar nicht so schlecht. Achten Sie immer darauf – besonders beim Hodensack – dass Sie nur Haut klammern, nicht Gefäße oder gar andere Strukturen wie den Nebenhoden.

Baumärkte: Viel Spaß für wenig Geld

Vergessen Sie Sexshops, Pornokinos und Fetischläden – das Geschäft, in dem das Herz eines Sadomasochisten am höchsten schlägt, wo er oder sie stundenlang mit verklärtem Gesichtsausdruck durch die Regalreihen laufen kann, ist der Baumarkt. Kein Ort in einer Stadt ist aus sadomasochistischer Sicht so anregend wie ein gut sortierter Heimwerkerbedarf.

Wer hier zuerst an Seile und Ketten denkt, liegt zwar nicht falsch, sollte aber einmal einen Blick in die Kleinwarenabteilung wagen. Hier gibt es kleine und große Klemmen und Klammern,

Gewichte und Lote, Klebeband und Riemen, Schlösser in allen Größen. Außerdem sind dort Stangen und Gerüstteile, die zu Rahmen und Kreuzen verbunden werden könnten, sowie Haken, Ösen, Ringe und Flaschenzüge für die Bondage erhältlich. Wer geschickt im Umgang mit Säge und Bohrer ist, kann aus Balken und Brettern allerlei spezielle Möbel wie Pranger, Käfige und Truhen selbst bauen.

Wenn Sie etwas Erfahrung mit SM gewonnen haben, nehmen Sie sich einen Nachmittag lang Zeit und stöbern Sie in einem Baumarkt. Lassen Sie sich vom Angebot inspirieren, machen Sie ein Spiel daraus zu überlegen, auf wie viele Arten sich ein Artikel einsetzen lässt. Wer tatsächlich etwas selbst bauen will, das aber noch nie gemacht hat, sollte sich über zwei Sachen im Klaren sein: Die ersten Versuche auf dem Heimwerkersektor werden fast immer etwas unbeholfen aussehen. Dafür aber steigt der Spaß am Spiel erheblich.

Wenn Sie dann zum ersten Mal eine Klammer an eine Ihrer empfindlichen Körperstellen gesetzt bekommen, werden Sie vermutlich tief einatmen und denken, dass Sie dieses Gefühl niemals aushalten können. Seien Sie tapfer und geben Sie sich einen Moment Zeit. Zählen Sie bis zehn und entscheiden Sie dann erst, ob Sie wirklich abbrechen wollen. Wie das Eintauchen ins kalte Wasser nach einer Sauna sind die ersten Sekunden nach dem Setzen einer Klammer ein Schock. Für viele Bottoms fühlt sich dies so an, als ob viele kleine Nadeln nebeneinander in die Haut gesetzt werden. Nachdem der erste Schmerz abgeklungen ist, breitet sich ein eher flächiger Druck aus, wie er unter einem sehr festen Verband entsteht. Genau diese Empfindung ist für die meisten SMler die schönste, denn dies ist der Moment, in dem sie den Schmerz genießen. Wenn diese Phase vorbei ist, wird entweder

der Schmerz unerotisch oder aber die betreffenden Körperstellen werden taub. Sobald einer dieser beiden Fälle eintritt, nehmen Sie die Klammern ab. Am Anfang sollten Sie Klammern nicht länger als zehn Minuten an Ort und Stelle lassen. Mit zunehmender Erfahrung werden Sie selbst herausfinden, welche Spielart Ihnen und Ihrem Partner am meisten bringt.

Wenn Sie mit Klammern experimentieren, werden Sie als Top merken, dass der Bottom sehr viel weniger Furcht vor dem Setzen als vor dem Abnehmen hat. Die gemeine Wäscheklammer entfaltet nämlich ihre volle Wirkung erst, wenn das Blut wieder in das gepresste Gewebe dringt. Viele Tops spielen daher auch mehr mit dem Abnehmen der Klammern als dem Setzen: Ob sie ruckartig oder langsam abgenommen werden, macht Welten der Empfindung aus. Klammern sollten *vor* dem Höhepunkt abgenommen werden, wenn der Bottom noch hoch erregt ist und die entstehenden Empfindungen erotisch umsetzen kann. Manche Bottoms mögen es auch, wenn das Abnehmen direkt beim Orgasmus passiert. Nach dem Orgasmus Klammern abzunehmen, ist dann meist nicht mehr schrecklich schön, sondern nur noch schrecklich.

Auch wenn Sie mit normalen Wäscheklammern anfangen, müssen Sie natürlich nicht dabei bleiben. Mit der richtigen Sichtweise wird ein Besuch im Baumarkt genauso spannend wie der Gang zum Möbelgeschäft mit Bondagekenntnissen. Wenn Sie sich die Reihen von Klammern im Baumarkt anschauen, achten Sie wie bei den einfachen Wäscheklammern immer darauf, dass Sie keine Modelle mit scharfen Kanten erwerben, die sie für den Gebrauch selbst am dickhäutigsten Menschen ungeeignet machen.

Wie bei allen SM-Praktiken sollte der Top möglichst viel an sich selbst ausprobieren, um ein Gefühl für die Wirkungsweise der Klammer zu bekommen.

Wem das gerade zu technisch war

Sie können sich natürlich den Aufwand sparen und die Sexspielzeuge benutzen, die Ihnen die Natur mitgegeben hat: Ihre Finger. Beim Kneifen wird zwar kein länger anhaltender Druck aufgebaut, der sich in einer intensiven Welle entlädt, doch dafür lässt sich der Reiz sehr viel genauer steuern. Viele Tops und Bottoms bevorzugen den Einsatz von Fingern und Daumen, weil sie die Berührung von Haut mit Haut vor allem an sehr intimen Körperstellen angenehmer finden als den Kontakt mit Holz oder Plastik. Auch wer sich nicht sicher ist, ob der Partner Druckspiele überhaupt mag, kann zunächst mit den Fingern experimentieren, bevor Spielzeuge einbezogen werden.

Wer das Wort »Kneifen« hört, glaubt genau zu wissen, was gemeint ist. Doch auch dabei gibt es unterschiedliche Techniken. Diese lassen sich besonders gut am Beispiel der Brustwarzen erklären. Zum einen gibt es den Kniff, der mit der ganzen Breite des oberen Daumen- und Zeigefingergliedes (»Zangengriff«) ausgeführt wird, zum anderen den Kniff, bei dem die Spitzen der Finger zusammengepresst werden (»Pinzettengriff«). Die zweite Variante sorgt im Vergleich zur ersten für einen härteren Reiz. Statt sie zu pressen, können Sie die Brustwarzen auch ein wenig verdrehen (»zwirbeln«), eine Praktik, die der Bar »Titty Twister« in dem Film *From Dusk Till Dawn* ihren Namen gegeben haben dürfte. Besonders wirksam: Verdrehen Sie die Brustwarze zunächst ein wenig, um sie dann zu kneifen. Und wo gekniffen wird, kann man meistens auch ziehen …

Sie dürfen aber nicht nur drücken und ziehen, sondern auch kratzen. Wer lange Fingernägel hat – meist Frauen –, ist klar im Vorteil. Folgen Sie mit Ihren Nägeln dem Verlauf des Rückgrats

Ihres Partners, denn ein bewusst durchgezogener, leichter Kratzer wird für Gänsehaut bei ihm sorgen. Eine andere Variante: Die Frau beschreibt mit einem Fingernagel immer kleiner werdende Ringe um die Eichel oder den Hodenansatz. Das raubt den meisten Männern den Atem, zeigt aber sonst mehr fördernde als dämpfende Wirkung.

Sex on the Rocks

Wenn Sie Ihrem Partner Gänsehaut und Schauer bescheren wollen, benutzen Sie Eiswürfel. Sie gehören spätestens seit dem Film *9 1/2 Wochen* zum Standardrepertoire beim Liebesspiel. Tatsächlich gibt es nicht viel dazu zu sagen, probieren Sie lieber selbst aus, was Sie bewirken können. Je nach Gefrierbehältnis können Sie alle möglichen und unmöglichen Formen aus Eis herstellen, die sich zu unterschiedlichen Zwecken einsetzen lassen.

Spiele mit Eis erfordern fast zwingend, dass der Bottom gefesselt ist, es sei denn, es ist so heiß im Zimmer, dass er jede Abkühlung sehnsüchtig erwartet.

Fahren Sie mit einem Eiswürfel ganz langsam an Hals, Brust, Bauch, den Schenkeln bis zu den Zehen am Körper entlang. Lassen Sie dabei den Genitalbereich aus und Sie werden sehen, wie sehr Ihr Partner fürchtet, auch dort berührt zu werden.

Übrigens: Mit Eis können Sie einen allzu vorwitzigen männlichen Bottom daran hindern zu kommen. Nehmen Sie einen Eiswürfel in die Hand und lassen Sie ihn mit sanften Streichelbewegungen an seinen Hoden und seinem Glied schmelzen.

Achten Sie jedoch bei den Spielen darauf, dass die Eiswürfel nicht zu lange auf eine Hautstelle einwirken dürfen, da sehr schnell kleine Erfrierungen entstehen. Bevor Sie den Eiswürfel an die Haut bringen, schmelzen Sie ihn in der Hand leicht an, damit er nicht scharfkantig ist oder an der Haut kleben bleibt. Und so verlockend es auch sein mag: Führen Sie niemals einen ganzen Eiswürfel in Anus oder Scheide ein, da es hier besonders schnell zu Erfrierungen kommen kann.

Zum Dahinschmelzen

Auch für Wachsspiele gibt es ein Vorbild aus dem Kino: Madonna und Willem Dafoe lassen im Film *Body of Evidence* Kerzen tropfen. Kaum ein anderes Spiel lässt sich romantischer inszenieren – schummeriges Kerzenlicht, ein mit Seilen gefesselter, erwartungsvoll gespannter Körper, leise Musik. Daraus kann glatt ein Ritual werden.

Der Top sollte zunächst wieder an sich selbst ausprobieren, wie heiß genau das Wachs wird und wie es sich auf der Haut anfühlt. Am besten eignet sich dazu die Innenseite des Unterarms, weil die Haut dort recht empfindlich ist. Der Top lässt das Wachs der Kerze auf seine Haut tropfen, um herauszufinden, welchen Abstand er wählen sollte, um die beste Wirkung zu erzielen. Anschließend kann er sich mit seinem Bottom befassen. Sicherheitshalber sollte der Top die Kerze zunächst etwas weiter weg vom Körper seines Partners halten. Bei den ersten Tropfen, die ihn berühren, wird ein Bottom meist über- oder unterreagieren, weil es schwierig sein kann, die Temperatur einzuordnen. Manchmal spürt ein Bottom die ersten Tropfen gar nicht. Und so gilt auch hier die Regel: Vorsichtig und langsam anfangen, dann Stück für Stück die Zahl der Tropfen erhöhen und nach und nach den Abstand zwischen Kerze und Körper verringern, bis der Top die richtige Mischung für seinen Bottom gefunden hat. Um das Spiel zusätzlich mit Spannung aufzuladen, tun Augenbinde und Fesseln besonders gute Dienste. Denn der Bottom soll ja nicht mitbekommen, was auf ihn zukommt.

Sind Sie der Top, lassen Sie am besten die ersten Wachstropfen auf die Außenseite der Unterarme oder der Oberschenkel oder aber auf den Rücken des Bottom fallen. Treiben Sie das Spiel so weit, dass Ihr Partner jeden weiteren Tropfen sehnlichst erwartet und gleichzeitig fürchtet. Dann gehen Sie langsam zum Bauch über, wo die Haut etwas empfindlicher ist. Spielen Sie wieder mit dem Abstand zwischen Kerze und Körper, denn der Bottom hat sich mittlerweile an die Wärme des Wachses gewöhnt. Er wird sich dennoch bei jedem Tropfen, der auf seinem Körper auftrifft, vor Ihnen winden, und genau das macht den Reiz aus. Nehmen Sie sich nach dem Bauch die Brust vor, reizen und erregen Sie Ihren Partner, indem Sie das Wachs erst um beide Brustwarzen herumträufeln, um dann mit etwas mehr Abstand direkt die Spitzen zu treffen. Machen Sie daraus ein Spiel, sprechen Sie mit dem Bottom, um seine Erwartung zu steigern – »Wetten, ich treffe diesmal? Ups, wieder daneben. Nächster Versuch …« Auch nett: Lassen Sie eine Weile keine Tropfen auf den Körper des Bottom fallen, während dieser vor Spannung fast platzt.

Ganz Mutige lassen zu, dass ihr Schamhügel besprenkelt wird, bei Männern bieten sich zudem die Hoden an. Diese Regionen dürfen natürlich nur aus einer relativ hohen Höhe und mit den passenden Worten bearbeitet werden. Dies sorgt nicht nur für Sicherheit, sondern auch für mehr Spannung und den richtigen Grad an Nervosität. Spätestens zu diesem Zeitpunkt wird sich Ihr Bottom wie ein Aal in seinen Fesseln winden. Und wenn Sie ein netter Mensch sind, lassen Sie Ihren Partner mit der Hand, die die Kerze nicht hält, zum Höhepunkt kommen. Die Belohnung für den Top besteht darin zu sehen, wie sich sein Bottom bei dem Versuch, den Tropfen zu entkommen, windet.

Wie Eisspiele erfordern Wachsspiele daher fast zwingend eine Fesselung und eine Augenbinde. Gemeine Spielvarianten mit Wachs und Eis: Lassen Sie das Eis in Ihrer Hand schmelzen und über den Finger einzelne Tropfen auf die nackte Haut des Bottom perlen, während gleichzeitig eine Kerze brennt. Die Spannung erhöht sich, da der andere nicht weiß, ob ihn heiße oder kalte

Tropfen treffen werden. Noch aufregender ist es, wenn Sie deutlich hörbar eine Kerze anzünden, dann aber statt Wachs kaltes Wasser auf den Körper träufeln. Wer derartige Varianten noch nie gespielt hat, könnte meinen, die Temperatur sei letztendlich egal, tatsächlich treibt dieser Wechsel und das Nichtvorhersehbare den Bottom in den Wahnsinn.

Praktische Tipps

Aus irgendeinem Grund wird im Kino nie gezeigt, was für eine Schweinerei Wachsspiele hinterlassen: Die Wachsflecken auf dem Körper Ihres Partners müssen natürlich wieder entfernt werden. Nutzen Sie diese Gelegenheit für eine zarte und romantische Prozedur, die das Wachsspielchen schön ausklingen lässt. Die Tropfen müssen vom Bottom abgepellt werden, was spätestens bei den behaarten Körperstellen langwierig sein kann. Da hilft eigentlich nur: Lösen Sie vorsichtig Tropfen für Tropfen mit dem Fingernagel ab und gehen Sie danach duschen. Meist geht nicht alles beim ersten Mal ab, Sie werden wohl noch am nächsten Tag ein paar Wachsperlen in Ihrer Unterwäsche finden.

Es geht zudem auch immer etwas daneben, weil der Bottom selbst bei der strengsten Fesselung meist wie wild zappelt und sich windet. Verwenden Sie daher Laken, die Sie entweder heiß waschen können oder sowieso wegwerfen wollten.

Noch ein Wort zu den Kerzen, die für heiße Spiele geeignet sind: Es gilt das Prinzip, billiger ist besser. Kerzen mit Ölen, Silberfleckchen oder farbigen Anteilen sollten vermieden werden. Das Wachs muss sich im Fallen so stark abkühlen, dass es vielleicht unangenehm warm, aber nicht gefährlich heiß ist, wenn es auf den Körper des Bottom trifft. Während einfaches Wachs ohne Zusätze in der Luft genug Wärme abgibt, speichern Öle und andere Beimengungen die Hitze deutlich länger – die Folge können Verbrennungen sein. Bienenwachskerzen sind, egal wie gut sie riechen, aus dem gleichen Grund streng verboten. Achten Sie darauf, dass immer nur einzelne Tropfen Wachs auf die Haut des Bottom fallen. Wenn es sich in einem großen Schwall auf ihm ergießt, besteht die Gefahr, dass das Wachs in der Mitte nicht ausreichend abgekühlt ist.

8. Spass wohl dosiert: Schlagspiele

Wenn Sie generell an SM-Spielen Gefallen gefunden haben, wollen Sie vielleicht auch mit Schlagspielen experimentieren. Sie gehören ebenfalls zu den klassischen SM-Praktiken. Sie wissen mittlerweile, dass Schmerzen, die in der Fantasie verlockend wirken, in Wirklichkeit überraschend weh tun können. Daher sollten Sie auch bei dieser Spielart behutsam vorgehen und ausprobieren, ob Sie Gerte und Gürtel eher als Symbol sehen denn als Spielzeug. Nehmen Sie sich genügend Zeit, um herauszufinden, ob der Rohrstock ein Teil der Kulisse oder ein wirkliches Instrument im Spiel sein soll.

Drop your pants, cowboy: Spanking

Bevor Sie ein Schlaginstrument in die Hand nehmen, benutzen Sie die Hand. Das sogenannte Spanking – das bezeichnet in der Subkultur Schläge mit der Hand auf den blanken Po – hat viele Liebhaber unter den SMlern: Der Top hat sein Werkzeug immer dabei, die Anforderungen an seine Koordination sind geringer, er bekommt automatisch ein Gefühl für die Dosis – die Hand tut meist mehr weh als dem Bottom der Hintern –, und der Kontakt von Haut auf Haut macht das Spiel für viele intensiver und persönlicher. Da der Top die zweite Hand frei hat, kann er dem Partner zusätzlich eine erotische Behandlung zukommen lassen. Das wiederum ist gerade am Anfang vorteilhaft: Wenn der Bottom nach einem Schlag das Kribbeln des herannahenden Orgasmus spürt, wird er diesen speziellen Schmerz kaum als negativ empfinden. Und wenn der Top beides im ständigen Wechsel anwendet, steigt die Erregung ins Unermessliche. Für einen Top, der Hinterteile sowieso besonders anregend findet, bedeutet Spanking eine ganz besondere Wonne.

Am einfachsten ist es, wenn der Top sich möglichst bequem hinsetzt und mit dem Rücken anlehnt. Dafür bietet sich das Kopfende von breiten Betten oder die Mitte eines Dreiersofas an. Der Bottom lässt dann die Hosen herunter – wenn er überhaupt noch welche anhat – und legt sich über den Schoß des Top. Der Kopf des Bottom sollte bei einem Rechtshänder-Top nach links zeigen, bei Linkshändern nach rechts. So erreicht der Top leichter die Genitalien des Bottom, um ihm das Gegenteil von Schmerz zu geben, das Kribbeln eines Orgasmus.

Die häufig dargestellte Haltung, bei der der Top auf einem Stuhl sitzt und Kopf und Beine des Bottom überhängen, ist für längere Spiele nicht geeignet. Der Bottom kann sich nicht entspannen, sondern muss die ganze Zeit auf das Gleichgewicht achten und auch noch den Kopf hochhalten. Vielen Leuten ist es auf eine sehr unerotische Art unangenehm, wenn das Blut über längere Zeit in den Kopf fließt.

Die Hände des Bottom sollten nicht im Weg sein oder gar in das Geschehen eingreifen. Hier kann wieder zu Seilen oder Manschetten gegriffen werden. Tops mit großen Händen können mit einer Hand beide Handgelenke des Bottom auf dessen Rücken zusammenhalten, das ist aber eher die Ausnahme – wenn es auch eine sehr erotische gedankliche Wirkung hat.

Sobald Sie und Ihr Partner eine bequeme Haltung gefunden haben, kann es losgehen. Wieder gehen wir davon aus, dass Sie die Rolle des Top übernehmen: Beginnen Sie ganz langsam damit, den Po Ihres Partners nur zu berühren, zu streicheln, zu kneten. Wenn Sie möchten, können Sie Babyöl oder Gleitmittel verwenden, so werden die Berührungen geschmeidiger. Erfreuen Sie sich daran, wie sich die Rundungen in Ihrer Hand anfühlen, wie der Partner die Backen zusammenpresst, wenn Sie leicht kneifen, wie er reagiert, wenn Sie die Hände zwischen seine Beine legen und frech seine intimsten Stellen berühren. Zögern Sie auch nicht, die Backen Ihres Partners leicht auseinanderzudrücken und die Gegend um den Anus zu erforschen. Achten Sie immer darauf, wie Ihr Partner reagiert. Einige Menschen lieben es, an dieser Stelle gestreichelt zu werden, andere hassen es, und die dritte Gruppe gibt vor, es zu hassen, liebt es aber, diese Empfindungen aufgezwungen zu bekommen.

Legen Sie allen Schmuck von Fingern und Handgelenken ab, sobald Ihr Partner ganz entspannt und voller Erwartung vor Ihnen liegt. Sie können das natürlich auch schon vorher erledigen, aber wenn der Bottom mitbekommt, was Sie machen, weiß er: Jetzt geht es richtig los. Fangen Sie langsam an, indem Sie zwischen Streicheln und Kneten immer wieder leichte Schläge einbauen. Schlagen Sie nur mit der Handfläche, niemals mit der Faust oder der Handkante. Achten Sie wie zuvor auf die Reaktion Ihres Bottoms. Wie zuvor gilt auch hier: Beim ersten Mal lieber zu wenig als zu viel des Guten. Versuchen Sie vielleicht ein oder zwei stärkere Schläge, damit der Bottom merkt, wie das ist, und belassen Sie es dann dabei – es sei denn, er gibt Ihnen deutlich zu verstehen, dass er mehr will. Gehen Sie wieder zum Streicheln über und bereiten Sie Ihrem Bottom auf andere Art Lust, zum Beispiel, indem Sie ihm zu einem schnellen unerwarteten Orgasmus verhelfen. Oder Sie erregen ihn noch ein wenig mit Kneifen, Zwicken und Zwirbeln der Schamlippen, des Kitzlers, der Hoden oder des Gliedes, bevor Sie das Spiel zu Ende bringen.

Dann gönnen Sie sich eine Pause, erholen Sie sich. Wenn Sie über das Spiel reden, versuchen Sie herauszufinden, was genau Ihrem Partner Spaß gemacht hat – das Spielen mit dem Po, die Vorstellung, von Ihnen über das Knie gelegt zu werden, oder das Gefühl des Geschlagenwerdens an sich. Einige Bottoms werden an diesem Punkt erklären, dass sie das Spiel zwar ausgesprochen erregend fanden, aber die Schmerzen ihnen nicht gefallen haben. Andere werden gerade die Schläge als direkte körperliche Erfahrung lieben. Das sollte dann die Vorgabe für ihr nächstes Spiel sein.

Sind Sie sich mit Ihrem Partner einig, dass Ihnen das Schlagen und Geschlagenwerden so gut gefällt, dass Sie es weiter ausprobieren wollen, steigern Sie das nächste Mal langsam die Frequenz und Stärke der Schläge. Gehen Sie bis zu dem Punkt, an dem Ihr Bottom den sogenannten Bottom-Space erreicht. Das ist der Zustand, in dem ein Bottom alle Verantwortung abgegeben hat, nicht mehr denkt, sondern nur noch fühlt, und nicht mehr sagen kann, ob er das Safeword rufen oder nach mehr verlangen soll. Außer bei Bottoms, die Schmerzen tatsächlich um ihrer selbst willen lieben – die gibt es auch –, besteht darin das Ziel dieser Spielart. Das gilt auch für den Fall, dass Sie später mit anderen Gegenständen, nicht nur mit der Hand, zuschlagen.

Nehmen Sie sich anschließend Zeit, die Spuren Ihrer Handwerkskunst zu betrachten. Die Haut des Bottom wird zumindest stärker durchblutetet und damit warm sein, für viele Bottoms ein angenehmes Gefühl. Je nach Stärke der Schläge und Hauttyp kann sie zartrosa oder feuerrot sein und auf jeden Fall empfindlicher. Das werden Sie merken, wenn Sie jetzt über den Po streicheln. Einige Tops nutzen diese Gelegenheit, um mit Materialen wie der rauen Innenseite eines Lederlappens oder einem Stück Fell über die behandelte Fläche zu streicheln. Auch Eiswürfel oder Öl tun hier gute Dienste.

Wer zum ersten Mal von seinem Partner gezüchtigt wird, den erwartet eine verwirrende Mischung von Gefühlen. Der Bottom weiß nicht, wie hart der Partner zuschlagen und wie weh es tun wird. Auch das Austesten der Grenze zwischen dem, was ihm noch gefällt und was nicht mehr, ist Bestandteil des Spiels. Vor allem Männer wissen meist nicht, wie sie reagieren sollen, denn viele von ihnen sind mit der Regel erzogen worden, dass ein echter Mann keine Schmerzen kennt. Machen Sie sich klar, dass es ein wenig dauern wird, bis Ihnen und Ihrem Partner die Situation vertraut genug ist, dass sich beide wirklich entspannen können. Denken Sie auch daran, dass der Bottom den Top wissen lassen muss, was dessen Hand bei ihm auslöst. Das ist zum einen wichtig, damit der Top die Schläge richtig zu dosieren lernt. Zum anderen sollte der Bottom auch dem Top seinen Spaß gönnen: Das (hoffentlich) sinnliche Winden, Stöhnen und Zucken auf seinem Schoß wird ihn in den Wahnsinn treiben.

Spanking eignet sich für Anfänger deswegen gut, weil es relativ sicher ist. Am Po sind die empfindlichen Strukturen des Körpers am besten durch Muskeln und Fett geschützt. Und wenn die Hand als Schlaginstrument eingesetzt wird, spürt der Top deutlich, wie fest seine Schläge ausfallen. Gefällt Ihnen und Ihrem Partner das Spanking, können Sie sich mit dem Gedanken an Schlaginstrumente vertraut machen.

Physik war doch spannend

Alles, was Sie über Schlagspiele wissen müssen, haben Sie in der Schule gelernt. Nur fanden Sie es damals wahrscheinlich weder interessant noch erotisch. Auch wenn die Ausführungen unten ein wenig theoretisch ausfallen, sind sie doch wichtig, damit Ihnen klar wird, wie viel Wucht hinter einem Schlag mit einer Gerte oder Ähnlichem steckt. Vielleicht erinnern Sie sich an die folgende Formel, die Ihnen irgendwann im Physikunterricht begegnet ist: $E = \frac{1}{2} m v^2$. Diese Gleichung sagt etwas über die Bewegungsenergie E aus – in unserem doch sehr speziellen Fall ist damit die Energie gemeint, die beim Schlag auf den Po des Bottom übertragen wird. Diese Energie, so sagt die Formel, ist höher, je mehr Masse m (vereinfacht gesagt mehr Gewicht) der Gegenstand hat, mit dem zugeschlagen wird. Dieser Zusammenhang leuchtet ein. Doch ein interessanter Faktor kommt hinzu, die Geschwindigkeit v. Die Energie hinter einem Schlag steigt nicht proportional zur Geschwindigkeit, sondern potenziert sich. Sie steigt also deutlich überproportional an. Also gilt: Wenn die Gerte zwei Mal so schnell durch die Luft zischt, trifft sie gleich vier Mal so hart auf. Die meisten Menschen unterschätzen, wie stark die höhere Geschwindigkeit sich auswirkt.

Es gibt einen weiteren Effekt, der durch diese Formel erklärt wird. Schlägt man mit einem nicht starren Instrument wie einer Gerte, bewegt diese sich in einem Bogen durch die Luft. Das bedeutet aber, dass die Spitze in der gleichen Zeit einen deutlich längeren Weg zurücklegt als der Teil, der sich näher bei der Hand befindet. Strecke pro Zeit ist nichts anderes als Geschwindigkeit, egal, ob es um eine Autofahrt von Berlin nach Hamburg geht oder um Gertenschläge.

Daher erreichen die vom Griff weiter entfernten Teile an der Spitze der Gerte bei einem Schlag eine höhere Geschwindigkeit als die unteren Teile. Eine höhere Geschwindigkeit bedeutet aber wiederum mehr Energie. Kurzer Sinn der langen Rede: Beim Schlag wird an der Spitze der Gerte wesentlich mehr Energie frei als am Schaft.

Nun gehen die meisten Schläge quer über beide Pobacken. Das heißt, dass es vom Schlagenden aus gesehen eine »nahe« und eine »entfernte« Backe gibt. Wegen des gerade beschriebenen Effekts wird sich der gleiche Schlag auf der entfernten Backe stärker auswirken als auf der nahen. Viele Tops versuchen daher schon allein aus Gründen der Symmetrie, möglichst von beiden Seiten des Bottom aus gleich häufig zu schlagen. Wichtiger ist allerdings, dass der Top die Wirkung seiner Schläge nicht an der nahen, sondern an der entfernten Pobacke abschätzt, dort also, wo der Aufschlag am heftigsten ist. Sie können diese Schwierigkeit aber umgehen, indem Sie nur die Gertenspitze aufschlagen lassen.

Wer nicht mit einem starren Instrument wie einem Rohrstock schlägt, sondern mit einem flexiblen Spielzeug wie einem Gürtel oder einer Peitsche, wird noch auf eine ganz andere Weise mit den Auswirkungen von zu viel Energie an der Spitze konfrontiert. Landet die Spitze nicht auf einer Backe, sondern beschreibt über diese hinaus einen Bogen, kann sie sich um den Körper wickeln, wobei sich die Geschwindigkeit noch einmal erhöht. Die Spitze trifft dann auf der abgewandten Seite des Bottom, wo der Top nicht hinsehen kann, sehr hart auf. Dieser als »Wrap-Around« bezeichnete Effekt kann zu Verletzungen führen, die der Top nicht wahrnimmt und die dem Bottom in der allgemeinen Erregung nicht auffallen. Wer als Top keine ausreichende Übung mit seinem Schlaginstrument hat oder ganz sicher gehen will, legt ein Kissen neben den Bottom, sodass die Spitze auf jeden Fall dort landet.

Und Sie müssen sich kurz mit einem weiteren Phänomen aus der Physik befassen, bevor Sie die ersten Schlagspiele mit Gerte oder Peitsche ausführen: Druck ist Kraft pro Fläche. Konkret bedeutet dies, dass die Auswirkungen eines Schlags umso größer sind, je geringer die Fläche ist, auf die das Schlaginstrument auftrifft. Ein Rohrstock wirkt daher bei gleicher Schlagkraft heftiger als zum Beispiel eine Reitgerte mit Lederpaddel. Entsprechend vorsichtiger müssen Sie mit kleinflächigen Instrumenten umgehen.

Was Sie darüber hinaus noch wissen sollten, betrifft die Anatomie. Die meisten SM-Handbücher betrachten den ganzen menschlichen Körper und zählen auf, wo – wenn überhaupt – wie stark zugeschlagen werden darf. Um diesen Vorgang abzukürzen, gehen wir den umgekehrten Weg: Betätigen Sie sich bitte ausschließlich am Po des Bottom. Wie schon gesagt, bilden Muskeln und Fett dort eine Panzerung, die empfindliche Strukturen wie Gelenke, Nerven, Gefäße und Knochen gut schützt. Wenn Sie feststellen, dass Sie und Ihr Partner Spaß an diesen Züchtigungen haben, werden Sie ohnehin tiefer in die Materie eintauchen müssen, als es mithilfe unseres Buches möglich wäre. Da empfiehlt sich dann etwa ein Flag-Workshop in der örtlichen SM-Gruppe.

Die Praxis des Schlagens in der Theorie

Die Voraussetzungen sind geschaffen, jetzt brauchen Sie und Ihr Partner noch ein Schlaginstrument. Üblicherweise wird eine Reitgerte eingesetzt, wie sie in Sportgeschäften erhältlich ist. Sie sollte nicht zu lang und für den Anfang mit einem Lederdreieck an der Spitze ausgestattet sein, weil dann die Fläche größer ist. Diese relativ kurzen »Springgerten« (etwas Fachvokabular ist nützlich, damit Sie im Reitgeschäft nicht sprachlos und mit rotem Gesicht herumdrucksen müssen) unterscheiden sich von »Dressur-Gerten«, die erheblich länger und somit flexibler sind und ein Bändchen an der Spitze haben. Sehr treffsichere Tops können mit diesem Bändchen interessante Effekte erzielen, aber eine derartige Treffsicherheit will erst einmal erarbeitet werden.

Gehen Sie also in ein Geschäft für Reiterbedarf, nehmen Sie einige Gerten in die Hand und wedeln Sie mit diesen ein wenig in der Luft herum. Dadurch bekommen Sie ein Gefühl dafür, wie sie sich verhalten. Hemmungen müssen Sie dabei nicht haben – gemessen an der Zahl von Pferden in Deutschland verkaufen diese Geschäfte ohnehin verdächtig viele Schlaginstrumente. Ähnlich wie beim Segelbedarf sind die Verkäufer zumindest in größeren Städten an Menschen gewöhnt, die Reitaccessoires für andere Zwecke kaufen. Wenn Sie gefragt werden, wofür Sie die Gerte brauchen, sagen Sie einfach »Für mich«. Sollte Ihnen dieser Einkauf wirklich peinlich sein, kaufen Sie die Gerte einfach in einer Nachbarstadt oder gehen Sie in ein großes anonymes Kaufhaus mit einer Sportabteilung.

Von einigen Instrumenten sollten Anfänger auf jeden Fall die Finger lassen. Rohrstöcke sind zwar besonders für Spiele mit bösen Schülern die klassische Wahl, können aber falsch angewandt sehr großen Schaden anrichten. Gegenstände aus Bambus dürfen nicht benutzt werden, weil das Material splittern kann. Das Gleiche gilt für Teppichklopfer aus Rattan. Der Umgang mit flexiblen Schlaginstrumenten – vom eigenen Hosengürtel bis zur Riemenpeitsche – erfordert einiges an Geschick und sollte ebenfalls warten.

Auch wenn Ihnen der Anblick von Halle Berry mit ihrer Bullenpeitsche in *Catwoman* noch so sehr den Schlaf raubt, lassen Sie auf absehbare Zeit die Finger davon, egal wie vertraut Sie mit Gerten und kleineren Peitschen werden. Wer die richtige Technik nicht beherrscht, kann mit dieser Art Peitsche Haut, Muskeln und Organe durchtrennen. Selbst unter sehr schlagfreudigen Sadomasochisten können nur wenige damit umgehen. Die Beherrschung des Werkzeugs ist generell das A und O bei Schlagspielen. Sie sollten in der Lage sein, zehn von zehn Schlägen genau zu platzieren, bevor Sie sich als Top an Ihren Partner wagen.

Da muss Ihr Teddy durch

Sie haben ein Schlaggerät ausgewählt, allen Mut zusammengekratzt und Ihr Opfer ist mehr als willig und Sie wollen loslegen. Doch halt! Haben Sie nicht etwas vergessen? Sie müssen zuerst üben. Da beim Schlagen einfach zu viel passieren kann, sollten Sie sich mindestens drei Tage vor dem Spiel die Zeit nehmen, das Gerät und seine Wirkung kennenzulernen. Dazu brauchen Sie: Wahlweise einen Teddy oder ein Kopfkissen, eine Couch oder ein Bett als Unterlage und das Schlagwerkzeug. Legen Sie den Teddy oder das Kissen auf das Bett und fixieren Sie mit den Augen einen ganz bestimmten Punkt. Versuchen Sie dann, diesen zehnmal hintereinander genau zu treffen. Verzweifeln Sie nicht, wenn es eine halbe Stunde dauert, bis Sie das geschafft haben – das ist durchaus normal. Variieren Sie die Schlagstärke und probieren Sie es weiter. Zufallstreffer zählen dabei übrigens nicht als Erfolg.

Mehrere Dinge werden passieren. Erstens: Anschließend haben Sie mindestens zwei Tage lang Muskelkater im Arm – deswegen sollten Sie spätestens drei Tage vor Ihrem ersten Einsatz üben. Zweitens: Sie stellen fest, wie staubig Ihre Couch, Ihre Matratze oder Ihr Kissen ist. Drittens: Unter Umständen brauchen Sie ein neues Kissen oder einen neuen Teddy. Und viertens: Sie können jetzt in Grundzügen schlagen und sogar den Punkt treffen, auf den Sie gezielt haben. Das bedeutet allerdings nicht, dass Sie von nun an der Schlagexperte überhaupt sind, jedes Werkzeug ist unterschiedlich in der Handhabung und Sie werden immer eine kurze Übungsphase brauchen. Aber ein Anfang ist gemacht. Für den Po Ihres Partners brechen harte Zeiten an.

Wenn Sie genug geübt haben und das erste Spiel mit Ihrem Partner ansteht, legt sich der Bottom vor Sie auf den Bauch, die Hände am Kopf. Stellen Sie sich seitlich von ihm hin, sodass die Gerte quer über beide Pobacken schlagen wird. Im Wesentlichen gehen Sie dabei vor wie beim Spanking: Streicheln Sie den Po Ihres Partners erst mit der Hand und der Gerte, dann fangen Sie mit sanften, langsamen Schlägen an – diese sollten leicht wie ein Federstreich und keine Hiebe im eigentlichen Sinne sein. Das dient nicht nur dazu, den Bottom seelisch vorzubereiten, sondern gibt Ihnen auch die Möglichkeit sicherzugehen, dass Sie genau treffen: Stehen Sie nah genug beim Körper des Bottom oder vielleicht zu weit weg? Steigern Sie sich dann langsam, während Sie immer auf die Reaktionen des Bottom achten.

Diese können sehr, sehr unterschiedlich ausfallen. Es gibt Bottoms, bei denen ein Knebel griffbereit liegen sollte, da sie sonst im wahrsten Sinne des Wortes ihre Lust herausschreien, ohne daran zu denken, dass der nette und hilfsbereite Nachbar deswegen die Polizei ruft. Andere sagen gar nichts, sie saugen die Schläge in sich auf und genießen nur still. Die meisten Bottoms kommen nicht durch reines Schlagen zum Orgasmus. Daher eignen sich Rollenspiele wie »strenge Gouvernante züchtigt bösen Jungen« oder auch »böser Chef erteilt der armen Sekretärin eine Lektion« hervorragend, um Schlagen als Mittel zum Zweck einzubauen. Am Ende darf sich der Top hemmungslos an seinem scheinbar wehrlosen Opfer vergehen. Das Schlagen gestaltet ein Rollenspiel echter und den Orgasmus heftiger.

Wie bei allen bisher beschriebenen Spielen sollten Sie und Ihr Partner die Rollen von Top und Bottom auch einmal tauschen. Dabei geht es zum einen darum, dass beide wissen, wie sich einzelne Schläge und das Schlagen selbst anfühlen. Zum anderen gewinnt der Top durch diese Erfahrung ein Gefühl für den Rhythmus beim Schlagen, z.B. wie sich durch gefühlvolle Pausen Spannung aufbauen und wieder auflösen lässt, während der Bottom erkennt, wie wichtig eine Rückmeldung vom Geschlagenen ist.

Die Fliegenklatsche der Hölle

Ein Kardinalfehler als Top: Sie nehmen an, Sie wüssten, wie sich ein Schlaginstrument anfühlt. Ihre Vermutung ist meist falsch, und es ist Ihre Pflicht, ein neues Objekt zunächst am eigenen Leib auszuprobieren, bevor Sie sich mit jemand anderem befassen.

Dass sich auch erfahrene SMler täuschen können, wurde uns bewusst, als wir einmal bei einem Billig-Discounter eine Fliegenklatsche aus Kunststoff erwarben, um sie zu Hause sofort auszuprobieren. Als die Top-Gattin das erste Mal damit zuschlug, schrie ich wie am Spieß.

»Ach was«, sagte sie mit unserer durch jahrelange gemeinsame Spiele gewonnenen Vertrautheit. »Das kann gar nicht wehtun.« Der nächste Schlag war genauso heftig, und ich drehte mich empört um, während meine Gattin mich verständnislos anschaute. Nach dem dritten Schlag haben wir dann die Rollen gewechselt. Auch ich schlug nicht fest zu, auch Ihr Aufschrei war lauter, als es ein so bescheidenes Instrument erwarten lassen würde.

Des Rätsels Lösung: Überall auf der Schlagfläche waren kleine Noppen verteilt, vermutlich vom Gussverfahren bei der Herstellung; wir hatten sie beide übersehen. Beim Schlag konzentrierte sich die gesamte Wucht nur auf diese Noppen, was zu einem besonders heftigen Effekt führte. Seitdem ist die Fliegenklatsche das am meisten gefürchtete Spielzeug in unserem Inventar. Bekannte lachen meist, wenn sie das erfahren – bis wir ihnen die Gelegenheit geben, sie einmal selbst auszuprobieren.

Eine andere Variante besteht darin, sich Spiele auszudenken, bei denen die Rolle immer wieder schnell gewechselt wird. Die Fußballübertragungen am Wochenende werden gleich viel spannender, wenn jeder Partner sich bei jedem Spiel für eine Mannschaft entscheiden und für jedes Gegentor seinen Po hinhalten muss. Möglichkeiten, »seinen Hintern zu verwetten«, gibt es unendlich viele. Haben Sie einen nervigen Schwiegervater, der jeden Satz mit einer festen Redewendung wie »Also, …« beginnt? Zählen Sie bei der nächsten Familienfeier, wie oft er das diesmal gesagt hat, und lassen Sie Ihren Partner anschießend zu Hause demonstrativ an Ihrem Leiden teilhaben.

Vermeiden Sie alle Schlagspiele, wenn Sie gerinnungshemmende Medikamente wie Aspirin eingenommen haben. Die größte Gefahr besteht gar nicht mal darin, dass die Haut verletzt werden könnte. Vielmehr kommt es nach der Einnahme solcher Medikamente leichter zu Blutungen im Gewebe, die sich rasch ausbreiten.

Wenn Sie merken, dass Sie auf Schlagspiele stehen, können Sie sich wie beim Bondage einen hochtrabenden Namen zulegen: Sie sind dann – wenn Sie wollen – ein »Flagellant« und Ihre Spiele heißen »Flagellantismus«.

Über den Umgang mit zartroten Visitenkarten

Schlagspiele können Spuren hinterlassen, die bei der besagten nur kurz anhaltenden, zarten Rötung des Hinterns nach leichten Schlägen beginnen und bei schweren Schlägen bis hin zu blauen Flecken reichen können. Wenn der Top zu hart mit einem dünnen Instrument zuschlägt, kann sogar die Haut aufplatzen und bluten, ein Grund, warum wir weiter oben so detailliert auf die Physik eingegangen sind. Wer Schlagspiele mag, kann zu den Spuren einer Züchtigung eine besondere Beziehung entwickeln, genauso wie einige Bondager die Muster lieben, die Seile auf der Haut hinterlassen. Einige Bottoms tragen ihre Spuren stolz als Zeichen ihrer Zugehörigkeit zu ihrem Top oder auch ihres Mutes und können nicht aufhören, ihren Hintern zu berühren oder ihn im Spiegel zu betrachten. Nicht wenige Tops genießen ihrerseits das Gefühl, den Bottom »gezeichnet« zu haben. Wenn Sie derartige Regungen verspüren, teilen Sie dies Ihrem Partner mit – die meisten wird es freuen. Auf jeden Fall kann er sich und sein Spiel darauf einstellen.

Ihre Umwelt reagiert vielleicht nicht ganz so verständnisvoll. Die meisten SMler sind nicht gerade erpicht darauf, dass Freunde, Bekannte oder gar Fremde mitbekommen, wie viel Spaß Sie im Bett haben – wie andere Paare auch. Daher sollten sich die Partner darauf verständigen, wie viel nach einem Spiel wo zu sehen sein darf. Der Top muss entsprechend vorsichtig zuschlagen.

Dabei sind allerdings Erfahrungswerte wichtig: Einige Menschen bekommen schnell Striemen, andere selbst nach einer festeren Züchtigung praktisch gar nicht, bei manchen bleiben sie sichtbar, bei anderen sind sie schnell verheilt. Mit etwas Kühlung kann das Ausmaß von Schwellungen und Striemen meist gemindert werden – ein weiterer Grund, immer Eiswürfel griffbereit zu haben. Erwarten Sie nicht zu viel. Sehr deutliche Male verschwinden nur langsam, auch wenn sie mit Salben behandelt werden. Sind Sie betroffen, wollen aber nicht, dass jeder die Spuren sehen kann, bleibt Ihnen nur eine Möglichkeit: Kleiden Sie sich geschickt. Und verzichten Sie auf Saunabesuche.

Sollten Sie tatsächlich direkt auf Ihre Verletzungen angesprochen werden, sodass ein Leugnen unmöglich ist, gibt es eigentlich nur einen Weg: die Flucht nach vorne. Eine Antwort, wie ein knappes »Ich habe eine Wette verloren«, kombiniert mit einem mysteriösen, selbstbewussten Grinsen, ist eine mögliche Reaktion. Lassen Sie keinen Zweifel daran, dass Sie jede Menge Spaß gehabt haben. Ihre Umgebung wird sicherlich zuerst daran denken, dass Sie von Ihrem Partner misshandelt werden, natürlich gegen Ihren Willen. Zwar sprechen derartige Sorgen für Ihre Freunde – sie kümmern sich und nehmen Anteil –, doch Ihr Leben kann sich etwas schwierig gestalten, wenn Sie nicht gleich einen großen Teil Ihrer Schlafzimmergewohnheiten bekannt geben wollen. Daher gilt: Je gelassener und selbstbewusster Sie mit dem Thema umgehen, desto unwahrscheinlicher wird den Außenstehenden eine Misshandlung erscheinen. Vielen Sadomasochisten, die einen gemischten Freundeskreis haben, wird das ganze Versteckspiel irgendwann zu bunt: Sie »outen« sich in ihrem engeren Freundeskreis.

Eine Person gibt es allerdings, der Sie von Anfang an offen gegenübertreten sollten: Ihrem Arzt. Er unterliegt sowieso der ärztlichen Schweigepflicht. Außerdem lernen alle Ärzte während der Ausbildung, wie Striemen und Schlagmale aussehen, weil sie Kindesmisshandlungen und andere Formen der Gewalt von normalen Blessuren beim Sport oder Toben unterscheiden können müssen. Wenn Sie einen guten Arzt haben, wird er also sofort erkennen, woher Ihre Male stammen.

Auch hier gilt: Selbstbewusstsein ist das Wichtigste. Erzählen Sie ihm ganz offen und direkt, dass sie von einem Sexspiel stammen und Sie sie freiwillig hingenommen haben. Auch wenn Sie einmal in die Notaufnahme müssen, können Sie sich sicher sein: Die Ärzte dort haben schon ganz andere Dinge gesehen und werden an einem hektischen Tag nicht einmal schmunzeln. Seien Sie auf jeden Fall geduldig, wenn Mediziner immer wieder nachfragen und den Eindruck machen, dass sie Ihnen nicht glauben. So anstrengend deren Hartnäckigkeit für Sie auch sein mag, einen anderen Patienten wird sie vielleicht eines Tages aus einer schlimmen Situation retten.

An dieser Stelle treten wir wieder in den Hintergrund. Das nächste Kapitel schreiben Sie, der nun folgende Sendeplatz gehört Ihnen, es ist Ihre Bühne. Nehmen Sie jetzt Ihren Partner bei der Hand und gehen Sie in Ihr eigenes Zauberreich. Sie können dieses Buch natürlich mitnehmen. Aber wir sind Ihnen nicht böse, wenn Sie es irgendwann am Wegesrand zurücklassen.

Nur eins noch: Wundern Sie sich nicht, wenn Sie nach einiger Zeit in diesem Reich plötzlich wildfremde Landschaften finden, die Sie heute nicht einmal am Horizont sehen. Fantasien und Neigungen entwickeln sich weiter, wenn man ihnen den Platz dafür gibt und den Mut hat, sich auf sie einzulassen. Wir hoffen, wir konnten Ihnen dabei etwas helfen.

Anhang

Die Zahl der Bücher und Websites zum Thema SM, gute und schlechte, ist seit den 1990er Jahren explosionsartig angestiegen. Wir bieten Ihnen hier eine kleine Auswahl von Medien an, die Sie als Ausgangspunkt verwenden sollten, wenn Sie mehr über einzelne Details erfahren wollen.

Literatur und Quellen

In dieser Rubrik finden Sie die Titel, aus denen wir die im Text verwendeten Zitate und Daten entnommen haben, sowie Literatur, die Sie tiefer in das Thema führt.

Anthony, Edward: *Thy Rod and Staff*, London 1997.

Easton, Dossie/Hardy, Janet: *The New Bottoming Book,* San Francisco 2001. Ein Klassiker aus den USA. Hier wird humorvoll und mit vielen Illustrationen speziell auf die Rolle des Bottom eingegangen.

Easton, Dossie/Hardy, Janet: *The New Topping Book,* San Francisco 2003. Das Gegenstück zum *Bottoming Book.*

Farin, Michael (Hg.): *Lust am Schmerz. Texte und Bilder zur Flagellomanie,* München 1991.

Geißler, Sina-Aline: *Lust an der Unterwerfung,* Rastatt 1990. Ein Buch, das gerade für viele Frauen ein Schlüsselerlebnis bedeutete. Es gibt Hilfestellungen, die eigenen Fantasien zu begreifen und in Worte zu fassen. Übrigens auch für Männer sehr lehrreich.

Grimme, Matthias T. J.: *Das SM-Handbuch,* Hamburg 1999. Das Standardbuch für alle, die einen allgemeinen Überblick über SM-Praktiken und Sicherheitstipps haben möchten und etwas Hintergrundwissen mitbringen. Es werden fast alle denkbaren Praktiken behandelt und möglichen Risiken erklärt. Sehr praktisch – vor allem auch für Neueinsteiger – ist der SM-Fragebogen.

Grimme, Matthias T. J.: *Das Bondage-Handbuch,* Hamburg 2002. Mittlerweile das meistgelesene deutschsprachige Buch zum Thema Bondage. Das Buch ist für Paare geeignet, die erotisches Fesseln zu Ihrer Lieblingspraktik ernennen möchten.

Hoffmann, Arne: *Lexikon des Sadomasochismus.* Berlin 2001.

http://www.datenschlag.org Datenschlag, insbesondere der DACHS für historische Daten.

Midori: *The Seductive Art of Japanese Bondage,* San Francisco 2001, das verwendete Zitat stammt von Seite 7 und wurde von den Autoren übersetzt. Wunderschön gemachtes Buch im Großformat von einer der führenden Bondage-Künstlerinnen weltweit. Leider nur in Englisch auf dem Markt.

Miller, Philip u. a.: *Screw the Roses, Send Me the Thorns: The Romance and Sexual Sorcery of Sadomasochism,* Fairfield 1995. Vielleicht der Klassiker überhaupt unter den Handbüchern, allerdings auf Englisch und wegen der zahlreichen Anspielungen sehr schwer zu übersetzen. Wenn Ihre Fremdsprachenkenntnisse gut genug sind oder wenn Sie ohnehin die Wörter lernen wollten, die man Ihnen in der Schule vorenthalten hat, ist dieses Buch genau das Richtige für Sie.

Passig, Kathrin/Strübel, Ira: *Die Wahl der Qual,* Reinbek 2000. Ein Handbuch für Sadomasochisten und solche, die es werden wollen, zum Brüllen komisch, aber immer einfühlsam geschrieben. Hier werden keine Praktiken beschrieben, sondern wie es ist, wenn jemand merkt, dass er ein Sadomasochist ist, wie er damit umgeht und sehr gut leben kann.

Schenk, Holger: *Geheimnis, Illusion und Lust. Das Spiel mit der sexuellen Spannung,* Reinbek 1995.

Schlagworte, Meldung vom 02. Juli 2001, »Antwort auf Barbara-Salesch-Brief«

Schlagworte, Meldung vom 10. März 2004, »Sparkassenwerbung mit männlicher Sitzbank fortgesetzt«

Schlagworte, Meldung vom 22. September 2003, »Wieder einmal SM-Fall bei Richterin Barbara Salesch«

Seim, Roland/Spiegel, Joseph: *Ab 18. Zensiert, diskutiert, unterschlagen,* Kulturbüro Münster 1995.

Spengler, Andreas: *Sadomasochisten und ihre Subkulturen,* Frankfurt am Main 1977.

Syreeni, Sampo: *Buffy, bound to please,* 2004, eigene Übersetzung von der Website http://www.iki.fi/~decoy/texts/buffysm/buffysm

Thompson, Mark: *Lederlust,* Berlin 1993. Ein etwas älteres Buch, das einen Überblick über die Wurzeln der heutigen Subkultur insbesondere unter den Schwulen gibt und sich ernsteren Themen widmet, von Aids über die Gewaltfrage zu dem Verhältnis zu kritischen Gruppen.

Ungerer, Tomi: Erotoscope, Köln 2003.

Wetzstein, Thomas A. u. a.: *Sadomasochismus, Szenen und Rituale,* Reinbek 1993. Das erste Buch, das sich wissenschaftlich unter Mitarbeit von SM-Gruppen mit Sadomasochismus auseinandergesetzt hat und zu erstaunlichen Ergebnissen gekommen ist. Obwohl von 1993 und in einigen Punkten überholt, immer noch ein gutes Buch für alle, die sich dem Thema von der wissenschaftlichen Seite her nähern wollen.

Internet

http://www.datenschlag.org – Eine sehr umfassende deutschsprachige Datensammlung über Sadomasochismus im Netz. Sie enthält neben einer Chronik, einer Literaturdatenbank und einem Lexikon auch eine Reihe von How-tos für Einsteiger. Prädikat: besonders wertvoll.

http://www.schlagzeilen.com – Die Seite von Deutschlands erfolgreichstem SM-Magazin. Hier finden Sie Informationen über Vereine, Veranstaltungen und Läden in Deutschland, die ständig aktualisiert werden.

http://www.lustschmerz.de – Online-Community von Sadomasochisten mit umfassendem Informationsangebot

http://www.sklavenzentrale.com – Eine weitere Online-Community

http://www.bdsm-berlin.de – Die Seite des größten nichtkommerziellen Berliner BDSM-Vereins. Hier steht alles, was mit dem SM-Leben in der Hauptstadt in Verbindung gebracht werden kann: Infos über Feten und andere Veranstaltungen sowie Beratung und Ansprechpartner.

http://www.schlagwerk.org – Das Schlagwerk ist »bunter als schwarz« und stellt die nichtkommerzielle Subkultur in Hamburg vor. Auch hier wird dargestellt, was der Verein macht und wo welche Veranstaltungen laufen.

http://www.smart-rhein-ruhr.de – Der größte SM-Verein Deutschlands, ebenfalls nichtkommerziell. Die Seite deckt das SM-Spektrum im Ruhrgebiet ab: Termine, Neuigkeiten, Diskussionsrunden und vieles mehr.

Kleines Glossar

Ampel-Safeword: Ein Safeword-System, mit dem der Bottom anzeigen kann, ob ein Spiel kurz (gelb) oder ganz (rot) unterbrochen werden soll.

BDSM: im Internet und zunehmend darüber hinaus ein Synonym für Sadomasochismus, das ohne historischen Ballast einen Zugang zum Thema ermöglichen soll. Als Abkürzung setzt es sich aus den (überlappenden) Begriffen »Bondage/Disziplin, Dominance/Submission, Sadismus/Masochismus« zusammen.

Bondage: erotische Form des Fesselns, von vielen Liebhabern auch zur Kunst erhoben. Meist mit Seilen aus Nylon, Baumwolle oder Hanf. Die Bandbreite reicht vom schnellen Fixieren bis hin zum kunstvollen Japan-Bondage.

Bottom: passiver Part in einem SM-Spiel (auch Sklave genannt), das Gegenstück zum Top.

Bottom-Space: ein Geisteszustand, den der Bottom erreichen sollte, wenn beim Spiel alles gut läuft. Er hat jede Verantwortung abgegeben und fühlt nur noch.

Dresscode: Kleidungsvorschrift auf SM- und Fetischfeten. Meist *schwarz und sexy – not normal.* Meint: keine Alltagsklamotten, Blue Jeans und T-Shirts müssen draußen bleiben.

Eis: In verschiedenen Formen und Konsistenzen wird es als Spielzeug zum Abkühlen der erhitzten Gemüter gerne benutzt. In Form von Schoko und Erdbeer auch gerne nach dem Spiel entspannt zu genießen.

Fetisch: Vorliebe für bestimmte Materialen, Gegenstände oder Körperteile zur Steigerung der sexuellen Lust.

Flagellantismus: Das Schlagen mit Hilfsmitteln wie Gerten, Peitschen oder Fliegenklatschen.

Hogtie: anstrengende Fesselart, bei der die Hand- und Fußgelenke hinter dem Rücken zusammengezogen werden.

Lack: Material, das es mittlerweile in allen Farben gibt und viele Fetischfreunde hat.

Katzenpfote: Fesselungstechnik beim Bondage, bei Seglern als »Kleine Trompete« bekannt.

Klammer: als einfache Variante im Wäscheklammernstil oder als Nobelausgabe versilbert vom SM-Juwelier – eines der beliebtesten Folterwerkzeuge von SMlern.

Latex: gehört ebenfalls in die Fetisch-Liga und hat es dank kreativer Designer in den 1990ern auf die Laufstege geschafft – sehr zur Freude der Latex-Liebhaber.

Leder: eines der bekanntesten Fetischmaterialien überhaupt und auch am leichtesten zu bekommen. Zudem das Material, aus dem die meisten Schlagwerkzeuge gefertigt sind.

Love Bondage: Variante des Bondage, wobei der Bottom die Fesseln akzeptiert und nicht danach strebt, sich zu befreien.

Manschetten: meist aus Leder gefertigte Handfesseln, die besonders belastbar sind und die Gelenke schonen.

Mayday: gängigstes Safeword in der nichtkommerziellen Subkultur.

Rollenspiel: Sex als Inszenierung eines Theaterstücks der besonderen Art, in dem die Rollen streng verteilt sind und das Drehbuch vorgegeben oder auch improvisiert sein kann.

Safeword: spezielles Wort, das der Bottom (oder Top) benutzen kann, um das Spiel sofort abzubrechen – ähnlich wie eine Notbremse. Gängig ist das Wort »Mayday«.

Sex Magic: alternative Bedeutung für die Abkürzung SM, übersetzt »Zaubersex«.

SM: Abkürzung für Sadomasochismus.

SMler: Abkürzung für Sadomasochist.

Spanking: In der Subkultur bezeichnet dies das Schlagen auf den Po mit der bloßen Hand.

Spreadeagle: eine Bondage-Position. Der Bottom wird in X-Form auf dem Bett oder im Stehen ausgestreckt gefesselt.

Subkultur: Summe der nichtkommerziellen Vereine, Gruppen, Stammtische, Chat-Räume, Zeitschriften, Websites und Mailinglisten für Sadomasochisten.

Switchen: die Lust und die Fähigkeit, mal die Rolle des Top, mal die des Bottom zu übernehmen. In früheren Zeiten als »nicht Fisch – nicht Fleisch« in der Subkultur verpönt, sind Switcher heute der Normalfall.

Szene: Synonym für Subkultur oder Spiel.

Top: aktiver Part in einem SM-Spiel, der Gegenpart zum Bottom.

Vanilles: liebevolle Bezeichnung für Nicht-SMler oder Menschen, die SM nichts abgewinnen können und Blümchensex betreiben. Die Bezeichnung ist nicht böse gemeint, denn Vanille mögen die meisten gerne – aber eben auch manchmal ein wenig Schokolade.

Wachs: beliebtes Material bei Spielen, vor allem weil die Kerzen eine gewisse Atmosphäre und Romantik verbreiten.

Weberknoten: Standardknoten beim Bondage.

Wrap-Around: gefährliches Phänomen beim Schlagen mit flexiblen Instrumenten wie einem Gürtel, bei dem das freie Ende sich um den Bottom wickelt und mit sehr großer Wucht auf den Körper trifft.

DANKSAGUNG

Dieses Buch wäre unter anderem ohne Hilfe der folgenden Personen und Gruppen nicht denkbar gewesen: Dank an Martina Jeblick von Ariadne-Buch, München | die ehrenamtlichen Helfer von »Datenschlag« und »Schlagworte«, die schon seit Jahren Informationen über SM zusammentragen und kostenlos verfügbar machen | die Mitglieder von Smart Rhein-Ruhr e. V. und BDSM-Berlin e. V., die uns über Jahre aufgenommen haben | Maren und nicht zuletzt natürlich Uta für Rat und einiges mehr | und schließlich unsere Babysitter.

DIE AUTOREN

Sabine Deunan hatte Anfang der neunziger Jahre das erste Mal intensiven Kontakt zur damals noch jungen, nichtkommerziellen SM-Szene. Sie hat Gesprächsgruppen zum Thema geleitet, Vorträge gehalten und mehrere Kurzgeschichten veröffentlicht. Heute ist sie mit Wolf verheiratet, hat zwei Kinder und arbeitet als selbstständige Übersetzerin und Autorin.

Wolf Deunan arbeitet als Journalist. Sein Interesse an Bondage begann zu einer Zeit, als er Mädchen noch doof fand. Er hat seitdem einiges dazugelernt und eine Reihe von Vorträgen über Bondage, medizinische Sicherheit und SM, Aids und über die Geschichte des SM gehalten. Neben mehreren Sachtexten zum Thema hat er eine Reihe von Kurzgeschichten veröffentlicht. Das SM-Magazin »Schlagzeilen« ehrte ihn im März 2007 mit einem Interview zu seiner Arbeit. Mit Sabine ist er jetzt fast zehn Jahre verheiratet und würde keine Minute davon missen wollen.

Sabine und Wolf Deunan
EIN BISSCHEN HÄRTER IST VIEL BESSER
Fesseln für Verliebte – Liebe, Vertrauen, grandioser Sex

ISBN 978-3-89602-833-4 | © Schwarzkopf & Schwarzkopf Verlag GmbH, Berlin 2009 | Fünfte Auflage, Berlin 2014 | Dieses Buch erscheint in der Reihe EXPLIZIT – EXPLIZIT ist ein Label des Schwarzkopf & Schwarzkopf Verlages | Idee: Ariadne-Buch, Christine Proske, München | Konzeption: Sabine und Wolf Deunan | Redaktion: Cornelia Rüping | Lektorat: Ulrike Fischer | Titelbild: © Christine Fiedler |

KATALOG

Wir senden Ihnen gern kostenlos unseren Katalog.
Schwarzkopf & Schwarzkopf Verlag | Abteilung Service
Kastanienallee 32, 10435 Berlin
Telefon: 030 – 44 33 63 00 | Fax: 030 – 44 33 63 044

INTERNET | E-MAIL

Alle Informationen zu den expliziten Titeln:
www.explizit-buch.de
info@schwarzkopf-schwarzkopf.de